1권

KB084810

제1회
신용보증기금&
기술보증기금

NCS 직업기초능력

www.sdedu.co.kr

〈문항 및 시험시간〉

구분	평가영역	문항 수	시험시간	모바일 OMR 답안채점/성적분석 서비스
신용보증기금	의사소통＋수리＋문제해결	20문항	25분	
기술보증기금	의사소통＋수리＋문제해결 ＋정보＋조직이해	50문항	60분	

제1회 모의고사

※ 1번부터 20번까지는 신용보증기금과 기술보증기금의 필기전형 공통영역으로 구성하였습니다.
신용보증기금 응시생은 1번부터 20번까지, 기술보증기금 응시생은 1번부터 50번까지 학습하시기 바랍니다.

01 S물류회사에 입사한 B사원은 첫 팀 회의를 앞두고 있다. 다음 중 팀 회의에서의 원활한 의사표현을 위한 방법으로 가장 적절한 것은?

① 상대방이 말하는 동안 어떤 답을 할지 미리 생각해놔야 한다.
② 공감을 보여주는 가장 쉬운 방법은 상대편의 말을 그대로 받아서 맞장구를 치는 것이다.
③ 핵심은 중요하므로 구체적으로 길게 표현해야 한다.
④ 이견이 있거나 논쟁이 붙었을 때는 앞뒤 말의 '논리적 개연성'만 따져보아야 한다.
⑤ 상대의 인정을 얻기 위해 자신의 단점이나 실패 경험보다 장점을 부각해야 한다.

02 다음 중 A의 주장에 대해 반박할 수 있는 내용으로 가장 적절한 것은?

> A : 우리나라의 장기 기증률은 선진국에 비해 너무 낮아. 이게 다 부모로부터 받은 신체를 함부로 훼손해서
> 는 안 된다는 전통적 유교 사상 때문이야.
> B : 맞아. 그런데 장기기증 희망자로 등록이 돼 있어도 유족들이 장기 기증을 반대하여 기증이 이뤄지지 않
> 는 경우도 많아.
> A : 유족들도 결국 유교 사상으로 인해 신체 일부를 다른 사람에게 준다는 방식을 잘 이해하지 못하는 거야.
> B : 글쎄, 유족들이 동의해서 기증이 이뤄지더라도 보상금을 받고 '장기를 팔았다.'라는 죄책감을 느끼는 유
> 족들도 있다고 들었어. 또 아직은 장기 기증에 대한 생소함 때문일 수도 있어.

① 캠페인을 통해 장기 기증에 대한 사람들의 인식을 변화시켜야 한다.
② 유족에게 지급하는 보상금 액수가 증가하면 장기 기증률도 높아질 것이다.
③ 장기기증 희망자는 반드시 가족들의 동의를 미리 받아야 한다.
④ 장기 기증률이 낮은 이유에는 유교 사상 외에도 여러 가지 원인이 있을 수 있다.
⑤ 제도의 변화만으로는 장기 기증률을 높이기 어렵다.

03 다음 문단을 논리적 순서대로 바르게 나열한 것은?

> (가) 1970년 이후 적정기술을 기반으로 많은 제품이 개발되어 현지에 보급되어 왔지만, 그 성과에 대해서는 여전히 논란이 있다.
> (나) 적정기술은 새로운 기술이 아닌 우리가 알고 있는 여러 기술 중의 하나로, 어떤 지역의 직면한 문제를 해결하는 데 적절하게 사용된 기술이다.
> (다) 빈곤 지역의 문제 해결을 위해서는 기술 개발 이외에도 지역 문화에 대한 이해와 현지인의 교육까지도 필요하다.
> (라) 이는 기술의 보급만으로는 특정 지역의 빈곤 탈출과 경제적 자립을 이룰 수 없기 때문이다.

① (가) – (나) – (다) – (라) 　② (가) – (라) – (나) – (다)
③ (나) – (가) – (라) – (다) 　④ (나) – (다) – (라) – (가)
⑤ (다) – (라) – (나) – (가)

04 다음 글에서 ㉠ ~ ㉤의 수정 방안으로 적절하지 않은 것은?

> 수험생이 실제로 하고 있는 건강관리는 전문가들이 추천하는 건강관리 활동과 차이가 있다. 수험생들은 건강이 나빠지면 가장 먼저 보양 음식을 챙겨 먹는 것으로 ㉠ 건강을 되찾으려고 한다. ㉡ 수면 시간을 늘리는 것으로 건강관리를 시도한다. 이러한 시도는 신체에 적신호가 켜졌을 때 컨디션 관리를 통해 그것을 해결하려고 하는 자연스러운 활동으로 볼 수 있다. ㉢ 그래서 수험생은 다른 사람들보다 학업에 대한 부담감과 미래에 대한 불안감, 시험에서 오는 스트레스가 높다는 점을 생각해본다면 신체적 건강과 정신적 건강의 연결고리에 대해 생각해봐야 한다. 실제로 ㉣ 전문가들이 수험생 건강관리를 위한 조언을 보면 정신적 스트레스를 다스리는 것이 중요하다는 점을 알 수 있다. 수험생의 건강에 가장 악영향을 끼치는 것은 자신감과 긍정적인 생각의 부족이다. 시험에 떨어지거나 낮은 성적을 받는 것에 대한 심리적 압박감이 건강을 크게 위협한다는 것이다. ㉤ 성적에 대한 부담감은 누구에게나 있지만 성적을 통해서 인생이 좌우되는 것은 아니다. 전문가들은 수험생에게 명상을 하면서 마음을 진정하는 것과 취미 활동을 통해 긴장을 완화하는 것이 스트레스의 해소에 도움이 된다고 조언한다.

① ㉠ : 의미를 분명히 하기 위해 '건강을 찾으려고 한다'로 수정한다.
② ㉡ : 자연스러운 연결을 위해 '또한'을 앞에 넣는다.
③ ㉢ : 앞뒤 내용이 전환되므로 '하지만'으로 바꾼다.
④ ㉣ : 호응 관계를 고려하여 '전문가들의 수험생 건강관리를 위한 조언'으로 수정한다.
⑤ ㉤ : 글의 전개상 불필요한 내용이므로 삭제한다.

05 다음 글을 통해 알 수 있는 내용으로 가장 적절한 것은?

상업 광고는 기업은 물론이고 소비자에게도 요긴하다. 기업은 마케팅 활동의 주요한 수단으로 광고를 적극적으로 이용하여 기업과 상품의 인지도를 높이려 한다. 소비자는 소비 생활에 필요한 상품의 성능, 가격, 판매 조건 등의 정보를 광고에서 얻으려 한다. 광고를 통해 기업과 소비자가 모두 이익을 얻는다면 이를 규제할 필요는 없을 것이다. 그러나 광고에서 기업과 소비자의 이익이 상충하는 경우도 있고 광고가 사회 전체에 폐해를 낳는 경우도 있어 다양한 규제 방식이 모색되었다.

이때 문제가 된 것은 과연 광고로 인한 피해를 책임질 당사자로서 누구를 상정할 것인가였다. 초기에는 '소비자 책임 부담 원칙'에 따라 광고 정보를 활용한 소비자의 구매 행위에 대해 소비자가 책임을 져야 한다고 보았다. 여기에는 광고 정보가 정직한 것인지와는 상관없이 소비자는 이성적으로 이를 판단하여 구매할 수 있어야 한다는 전제가 있었다. 그래서 기업은 광고에 의존하여 물건을 구매한 소비자가 입은 피해에 대하여 책임을 지지 않았고, 광고의 기만성에 대한 입증 책임도 소비자에게 있었다.

책임 주체로 기업을 상정하여 '기업 책임 부담 원칙'이 부상하게 된 배경은 복합적이다. 시장의 독과점 상황이 광범위해지면서 소비자의 자유로운 선택이 어려워졌고, 상품에 응용된 과학 기술이 복잡해지고 첨단화되면서 상품 정보에 대한 소비자의 정확한 이해도 기대하기 어려워졌다. 또한, 다른 상품 광고와의 차별화를 위해 통념에 어긋나는 표현이나 장면도 자주 활용되었다. 그리하여 경제적, 사회·문화적 측면에서 광고로부터 소비자를 보호해야 한다는 당위를 바탕으로 기업이 광고에 대해 책임을 져야 한다는 공감대가 확산되었다.

오늘날 행해지고 있는 여러 광고 규제는 이런 공감대에서 나온 것인데, 이는 크게 보아 법적 규제와 자율 규제로 나눌 수 있다. 구체적인 법 조항을 통해 광고를 규제하는 법적 규제는 광고 또한 사회적 활동의 일환이라는 점에 근거한다. 특히 자본주의 사회에서는 기업이 시장 점유율을 높여 다른 기업과의 경쟁에서 승리하기 위하여 사실에 반하는 광고나 소비자를 현혹하는 광고를 할 가능성이 높다. 법적 규제는 허위 광고나 기만 광고 등을 불공정 경쟁의 수단으로 간주하여 정부 기관이 규제를 가하는 것이다.

자율 규제는 법적 규제에 대한 기업의 대응책으로 등장했다. 법적 규제가 광고의 역기능에 따른 피해를 막기 위한 강제적 조치라면, 자율 규제는 광고의 순기능을 극대화하기 위한 자율적 조치이다. 광고에 대한 기업의 책임감에서 비롯된 자율 규제는 법적 규제를 보완하는 효과가 있다.

① 광고 주체의 자율 규제가 잘 작동될수록 광고에 대한 법적 규제의 역할도 커진다.

② 기업의 이익과 소비자의 이익이 상충하는 정도가 클수록 법적 규제와 자율 규제의 필요성이 약화된다.

③ 시장 독과점 상황이 심각해지면서 기업 책임 부담 원칙이 약화되고 소비자 책임 부담 원칙이 부각되었다.

④ 첨단 기술을 강조한 상품의 광고일수록 소비자가 광고 내용을 정확히 이해하지 못한 채 상품을 구매할 가능성이 커진다.

⑤ 광고의 기만성을 입증할 책임을 소비자에게 돌리는 경우, 그 이유는 소비자에게 이성적 판단 능력이 있다는 전제를 받아들이지 않기 때문이다.

06 실증시험장에서 이뤄지는 실증에 대해 구체적으로 정리한 다음 글의 내용으로 적절하지 않은 것은?

전기환경장애 데이터 측정 및 분석

실증시험의 주요한 부분 중 하나인 전기환경장애 데이터 측정이다. 직류 송전선로 주변에서 발생되는 코로나 소음, 이온류, 전계, TV와 라디오 전파 장애와 같은 사회적 민원을 야기할 수 있는 데이터를 실증선로 지표면에 설치된 각종 센서를 통해 수집한다. 다양한 기후 조건에서 장기간 수집된 전기환경장애 데이터들을 분석해 연구결과를 실제 선로 설계에 반영한다.

HVDC 가공송전 기자재 및 운영기술 검증

500kV HVDC 가공송전선로는 국내에서 최초로 시도되는 만큼 관련 기자재의 국산화를 위해 대부분 신규로 개발되었다. 고창 실증선로에서는 이렇게 신규 개발된 송전용 기자재의 설치와 운영을 통하여 설계를 검증하고 문제점을 개선해 나간다. 또한, 직류 가공송전선로 운영에서 발생할 수 있는 각종 사고나 예방정비활동과 관련해 운영기술 및 절차서 수립을 위해 직류 송전선로 활성공법, 직류애자 세정기술, 작업자 보호복 개발과 같은 관련 연구도 함께 수행하고 있다.

공기절연거리 설계 적정성 검증

공기절연거리 설계는 쉽게 말해 직류 500kV 가공송전선로를 건설함에 있어 상시 전류가 흐르는 도체와 주변 물체(철탑 및 기자재 등) 간에 전기적 안정성을 위한 최소 이격 거리를 산정하는 것이다. 이미 국내외 여러 문헌에서 많은 실험과 경험을 통해 공기절연거리 산출식이 발표되었으며, 이번 500kV HVDC 가공송전선로에서도 이러한 실험식을 적용하여 공기절연거리를 설계하였다. 이곳에서는 계산식을 통하여 설계된 공기절연거리를 실제 실험으로 검증하고 있다.

① 사회적 민원을 야기할 수 있는 부분에 대해 철저히 실증하고 있다.
② 가공송전선로는 국내에서 최초로 실증되었지만 수입기자재에 의존하고 있다.
③ 각종 사고나 예방정비활동과 관련한 연구도 함께 수행하고 있다.
④ 공기절연거리는 전기적 안정성과 관련된 최소 이격 거리를 말한다.
⑤ 장기간 수집된 전기환경장애 데이터를 토대로 하여 실제 선로 설계에 반영한다.

07 다음 글의 내용으로 가장 적절한 것은?

> 미국의 사회이론가이자 정치학자인 로버트 액셀로드의 저서 『협력의 진화』에서 언급된 틧포탯(Tit for Tat) 전략은 '죄수의 딜레마'를 해결할 가장 유력한 전략으로 더욱 잘 알려져 있는 듯하다.
>
> 죄수의 딜레마는 게임 이론에서 가장 유명한 사례 중 하나로, 두 명의 실험자가 참여하는 비제로섬 게임(Non Zero-sum Game)의 일종이다. 두 명의 실험자는 각각 다른 방에 들어가 심문을 받는데, 둘 중 하나가 배신하여 죄를 자백한다면 자백한 사람은 즉시 석방되는 대신 나머지 한 사람이 10년을 복역하게 된다. 다만, 두 사람 모두가 배신하여 죄를 자백할 경우는 5년을 복역하며, 두 사람 모두 죄를 자백하지 않는다면 각각 6개월을 복역하게 된다.
>
> 죄수의 딜레마에서 실험자들은 개인에게 있어 이익이 최대화된다는 가정 아래 움직이기 때문에 결과적으로는 모든 참가자가 배신을 선택하는 결과가 된다. 즉, 자신의 최대 이익을 노리려던 선택이 오히려 둘 모두에게 배신하지 않는 선택보다 나쁜 결과를 불러오는 것이다.
>
> 틧포탯 전략은 1979년 엑셀로드가 죄수의 딜레마를 해결하기 위해 개최한 1·2차 리그 대회에서 우승한 프로그램의 짧고 간단한 핵심전략이다. 캐나다 토론토 대학의 심리학자인 아나톨 라포트 교수가 만든 틧포탯은 상대가 배신한다면 나도 배신을 하고, 상대가 의리를 지킨다면 의리로 대응한다는 내용을 담고 있다. 이 단순한 전략을 통해 틧포탯은 총 200회의 거래에서 유수의 컴퓨터 프로그램을 제치고 우승을 차지할 수 있었다. 대회가 끝난 후 엑셀로드는 참가한 모든 프로그램들의 전략을 '친절한 전략'과 '비열한 전략'으로 나누었는데, 친절한 전략으로 분류된 틧포탯을 포함해 대체적으로 친절한 전략을 사용한 프로그램들이 좋은 성적을 냈다는 사실을 확인할 수 있었다. 그리고 그중에서도 틧포탯이 두 차례 모두 우승할 수 있었던 것은 비열한 전략을 사용하는 프로그램에게는 마찬가지로 비열한 전략으로 대응했기 때문임을 알게 되었다.

① 엑셀로드가 만든 틧포탯은 죄수의 딜레마에서 우승할 수 있는 가장 유력한 전략이다.

② 죄수의 딜레마에서 자신의 이득이 최대로 나타나는 경우는 죄를 자백하지 않는 것이다.

③ 엑셀로드는 리그 대회를 통해 틧포탯과 같은 대체로 비열한 전략을 사용하는 프로그램이 좋은 성적을 냈다는 사실을 알아냈다.

④ 대회에서 우승한 틧포탯 전략은 비열한 전략을 친절한 선략보다 많이 사용했다.

⑤ 틧포탯 전략이 우승한 것은 비열한 전략에는 마찬가지로 비열하게 대응했기 때문이다.

08 K전력회사에서 가정용 전기요금 체계를 개편했다. 사용 전력량의 10kWh까지는 기본요금을 부과하고, 10kWh 초과 100kWh 이하일 때는 기본요금에 10kWh를 초과한 양에 대하여 1kWh당 단위요금을 더한다. 또한, 사용 전력량이 100kWh 초과일 때는 초과한 양에 대하여 1kWh당 단위요금에 20% 가산한 금액을 더하기로 했다. 민지의 집은 11월에 70kWh를 사용하여 15,000원을, 12월에는 120kWh를 사용하여 42,000원을 냈다. 1kWh당 단위요금에 20% 가산한 금액은 얼마인가?

① 500원   ② 510원

③ 540원   ④ 600원

⑤ 620원

09 아버지와 어머니의 나이 차는 4세이고 형과 동생의 나이 차는 2세이다. 또한, 아버지와 어머니의 나이의 합은 형의 나이보다 6배 많다고 한다. 형과 동생의 나이 합이 40세라면 아버지의 나이는 몇 세인가?(단, 아버지가 어머니보다 나이가 더 많다)

① 59세   ② 60세

③ 63세   ④ 65세

⑤ 67세

10 농도를 알 수 없는 설탕물 500g에 3%의 설탕물 200g을 온전히 섞었더니 섞은 설탕물의 농도는 7%가 되었다. 처음 500g의 설탕물에 녹아있던 설탕은 몇 g인가?

① 40g   ② 41g

③ 42g   ④ 43g

⑤ 44g

11 다음은 S기업의 마케팅부 직원 40명을 대상으로 1년 동안 이수한 마케팅 교육의 이수 시간을 조사한 도수분포표이다. 직원들 중 임의로 한 명을 뽑을 때, 뽑힌 직원의 1년 동안의 교육 이수 시간이 40시간 이상일 확률은?

교육 이수 시간	도수
20시간 미만	3
20시간 이상 30시간 미만	4
30시간 이상 40시간 미만	9
40시간 이상 50시간 미만	12
50시간 이상 60시간 미만	a
합계	40

① $\dfrac{2}{5}$

② $\dfrac{3}{5}$

③ $\dfrac{3}{10}$

④ $\dfrac{7}{10}$

⑤ $\dfrac{17}{30}$

12 다음은 A, B상품의 계절별 판매량을 나타낸 그래프이다. 이에 대한 설명으로 적절하지 않은 것은?

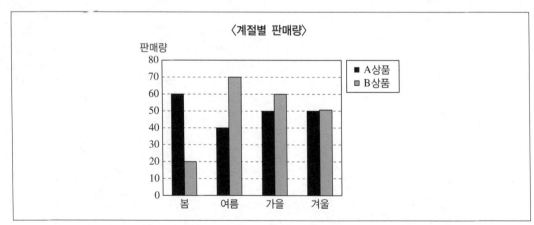

① A상품과 B상품의 연간 판매량은 모두 200 이상이다.

② A상품 판매량의 표준편차는 B상품 판매량의 표준편차보다 크다.

③ A상품과 B상품의 판매량의 합이 가장 적은 계절은 봄이다.

④ 두 상품의 판매량의 차는 봄에서부터 시간이 지남에 따라 감소한다.

⑤ B상품은 여름에 잘 팔리는 물건이다.

13 다음은 2022년도 연령별 인구수 현황을 나타낸 그래프이다. 각 연령대를 기준으로 남성 인구가 40% 이하인 연령대 ㉠과 여성 인구가 50% 초과 60% 이하인 연령대 ㉡을 바르게 나열한 것은?

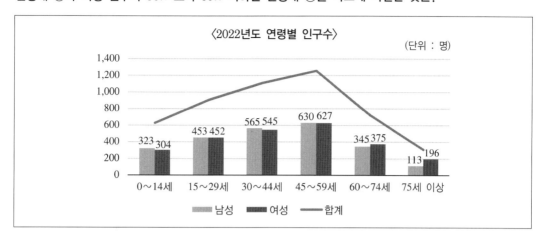

	㉠	㉡
①	0 ~ 14세	15 ~ 29세
②	30 ~ 44세	15 ~ 29세
③	45 ~ 59세	60 ~ 74세
④	75세 이상	60 ~ 74세
⑤	75세 이상	45 ~ 59세

14 2012년 대비 2022년도 농업 종사자의 증감률은 −20%이고, 2012년 대비 2022년도 광공업 종사자의 증감률은 20%이다. 2022년도 서비스업 종사자는 2012년에 비해 몇 만 명이나 증가했는가?

⟨2012년도와 2022년도 업종별 종사자 수⟩

(단위 : 만 명)

구분	농업	광공업	서비스업	합계
2012년도	150			1,550
2022년도		300		2,380

① 630만 명   ② 720만 명

③ 810만 명   ④ 900만 명

⑤ 1,150만 명

15 다음은 자동차 외판원인 A ~ F 여섯 명의 판매실적 비교에 대한 정보이다. 이로부터 바르게 추리한 것은?

- A는 B보다 실적이 높다.
- C는 D보다 실적이 낮다.
- E는 F보다 실적이 낮지만, A보다는 높다.
- B는 D보다 실적이 높지만, E보다는 낮다.

① 실적이 가장 높은 외판원은 F이다.
② 외판원 C의 실적은 꼴찌가 아니다.
③ B보다 실적이 낮은 외판원은 3명이다.
④ 외판원 E의 실적이 가장 높다.
⑤ A의 실적이 C의 실적보다 낮다.

16 다음 글의 내용이 참일 때, 반드시 참인 것을 〈보기〉에서 모두 고르면?

K부서에서는 새로운 프로젝트를 진행할 예정이다. 이 부서에는 남자 직원 가훈, 나훈, 다훈, 라훈 4명과 여자 직원 모연, 보연, 소연 3명이 소속되어 있다. 다음의 조건을 지키면서 이들 가운데 4명을 뽑아 전담팀을 꾸리고자 한다.
- 남자 직원 가운데 적어도 한 사람은 뽑아야 한다.
- 여자 직원 가운데 적어도 한 사람은 뽑지 말아야 한다.
- 가훈, 나훈 중 적어도 한 사람을 뽑으면, 라훈과 소연도 뽑아야 한다.
- 다훈을 뽑으면, 모연과 보연은 뽑지 말아야 한다.
- 소연을 뽑으면, 모연도 뽑아야 한다.

〈보기〉

ㄱ. 남녀 동수로 팀이 구성된다.
ㄴ. 다훈과 보연 둘 다 팀에 포함되지 않는다.
ㄷ. 라훈과 모연 둘 다 팀에 포함된다.

① ㄱ
② ㄷ
③ ㄱ, ㄴ
④ ㄴ, ㄷ
⑤ ㄱ, ㄴ, ㄷ

※ 다음은 의류 사업을 하는 S기업과 해외업체와의 협력 관계 구축에 대한 자료이다. 이어지는 질문에 답하시오.
[17~18]

S기업의 신대리는 외부업체와 업무를 진행하고 있다. S기업과 외부업체는 각자의 적정시간을 정하기 위한 회의를 진행하려고 한다.
- S기업과 해외업체의 시차는 10시간이며, S기업(한국 시간)이 해외업체보다 10시간 빠르다.
- 신대리의 업무시간은 오전 9시부터 오후 6시까지이나, 해외업체와 업무가 진행되는 경우에는 밤 10시까지 야근을 한다.
- 해외업체도 오전 9시부터 오후 6시까지 근무를 한다.
- 회의시간은 야근시간을 포함한 근무시간에 하는 것을 원칙으로 하며, 회의시간은 1시간으로 한다.

17 신대리가 해외업체 담당자와 회의시간을 정하려고 할 때, 가장 적절한 시간은 언제인가?

① 12 ~ 15시   ② 13 ~ 16시

③ 15 ~ 17시   ④ 17 ~ 19시

⑤ 19 ~ 22시

18 회의를 마친 후 신대리는 해외업체에 필요한 자료를 보내주기로 하였다. 해외업체 담당자가 현지 시간으로 4월 6일 12시까지 자료를 보내달라고 하였다. 신대리는 4월 6일 오후 7시에 자료준비를 시작하고 완료한 후 바로 해외업체 담당자가 요청한 시간에 제출했다. 신대리가 자료를 준비하는 데 소요된 시간은?

① 1시간   ② 2시간

③ 3시간   ④ 4시간

⑤ 5시간

19 다음 〈조건〉을 바탕으로 추론한 내용으로 가장 적절한 것은?

┌─────────〈조건〉─────────┐

• 분야별 인원 구성
  - A분야 : a(남자), b(남자), c(여자)
  - B분야 : 가(남자), 나(여자)
  - C분야 : 갑(남자), 을(여자), 병(여자)
• 4명씩 나누어 총 2팀(1팀, 2팀)으로 구성한다.
• 같은 분야의 같은 성별인 사람은 한 팀이 될 수 없다.
• 각 팀에는 분야별로 적어도 한 명 이상이 들어가야 한다.
• 한 분야의 모든 사람이 한 팀에 들어갈 수는 없다.

└───────────────────────┘

① 갑과 을이 한 팀이 된다면 가와 나도 한 팀이 될 수 있다.
② 4명으로 나뉜 두 팀에는 남녀가 각각 2명씩 들어간다.
③ a가 1팀으로 간다면 c는 2팀으로 가야 한다.
④ 가와 나는 한 팀이 될 수 없다.
⑤ c와 갑은 한 팀이 될 수 있다.

20 A ~ D는 구두를 사기 위해 신발가게에 갔다. 신발가게에서 세일을 하는 품목은 빨간색, 주황색, 노란색, 초록색, 파란색, 남색, 보라색 구두이고 각각 한 켤레씩 남았다. 다음 〈조건〉을 만족할 때, A는 주황색 구두를 제외하고 어떤 색의 구두를 샀는가?(단, 빨간색 – 초록색, 주황색 – 파란색, 노란색 – 남색은 보색 관계이다)

┌─────────〈조건〉─────────┐

• A는 주황색을 포함하여 두 켤레를 샀다.
• C는 빨간색 구두를 샀다.
• B, D는 파란색을 좋아하지 않는다.
• C, D는 같은 수의 구두를 샀다.
• B는 C가 산 구두와 보색 관계인 구두를 샀다.
• D는 B가 산 구두와 보색 관계인 구두를 샀다.
• 모두 서로 다른 구두를 한 켤레 이상씩 샀으며, 네 사람은 세일품목을 모두 샀다.

└───────────────────────┘

① 노란색   ② 초록색
③ 파란색   ④ 남색
⑤ 보라색

21 다음은 대화 과정에서 지켜야 할 협력의 원리에 대한 글이다. 이를 참고할 때, 〈보기〉의 사례에 대한 설명으로 가장 적절한 것은?

협력의 원리란 대화 참여자가 대화의 목적에 최대한 기여할 수 있도록 서로 협력해야 한다는 것으로, 듣는 사람이 요구하지 않은 정보를 불필요하게 많이 제공하거나 대화의 목적이나 주제에 맞지 않는 내용을 말하는 것은 바람직하지 않다. 협력의 원리를 지키기 위해서는 다음과 같은 사항을 고려해야 한다.
- 양의 격률 : 필요한 만큼만 정보를 제공해야 한다.
- 질의 격률 : 타당한 근거를 들어 진실한 정보를 제공해야 한다.
- 관련성의 격률 : 대화의 목적이나 주제와 관련된 것을 말해야 한다.
- 태도의 격률 : 모호하거나 중의적인 표현을 피하고, 간결하고 조리 있게 말해야 한다.

〈보기〉

A사원 : 오늘 점심은 어디로 갈까요?
B대리 : 아무거나 먹읍시다. 오전에 간식을 먹었더니 배가 별로 고프진 않은데, 아무 데나 괜찮습니다.

① B대리는 불필요한 정보를 제공하고 있으므로 양의 격률을 지키지 않았다.
② B대리는 거짓된 정보를 제공하고 있으므로 질의 격률을 지키지 않았다.
③ B대리는 질문에 적합하지 않은 대답을 하고 있으므로 관련성의 격률을 지키지 않았다.
④ B대리는 대답을 명료하게 하지 않고 있으므로 태도의 격률을 지키지 않았다.
⑤ A대리와 B대리는 서로 협력하여 의미 전달을 하고 있으므로 협력의 원리를 따르고 있다.

22 다음 글의 논지를 약화시킬 수 있는 내용으로 가장 적절한 것은?

> 온갖 사물이 뒤섞여 등장하는 사진들에서 고양이를 틀림없이 알아보는 인공지능이 있다고 해 보자. 이러한 식별 능력은 고양이 개념을 이해하는 능력과 어떤 관계가 있을까? 고양이를 실수 없이 가려내는 능력이 고양이 개념을 이해하는 능력의 필요충분조건이라고 할 수 있을까?
>
> 먼저, 인공지능이든 사람이든 고양이 개념에 대해 이해하면서도 영상 속의 짐승이나 사물이 고양이인지 정확히 판단하지 못하는 경우는 있을 수 있다. 예를 들어, 누군가가 전형적인 고양이와 거리가 먼 희귀한 외양의 고양이를 보고 "좀 이상하게 생긴 족제비로군요."라고 말했다고 해 보자. 이것은 틀린 판단이지만, 그렇다고 그가 고양이 개념을 이해하지 못하고 있다고 평가하는 것은 부적절한 일일 것이다.
>
> 이번에는 다른 예로 누군가가 영상자료에서 가을에 해당하는 장면들을 실수 없이 가려낸다고 해 보자. 그는 가을 개념을 이해하고 있다고 보아야 할까? 그 장면들을 실수 없이 가려낸다고 해도 그가 가을이 적잖은 사람들을 왠지 쓸쓸하게 하는 계절이라든가, 농경문화의 전통에서 수확의 결실이 있는 계절이라는 것, 혹은 가을이 지구 자전축의 기울기와 유관하다는 것 등을 반드시 알고 있는 것은 아니다. 심지어 가을이 지구의 1년을 넷으로 나눈 시간 중 하나를 가리킨다는 사실을 모르고 있을 수도 있다. 만일 가을이 여름과 겨울 사이에 오는 계절이라는 사실조차 모르는 사람이 있다면 우리는 그가 가을 개념을 이해하고 있다고 인정할 수 있을까? 그것은 불합리한 일일 것이다.
>
> 가을이든 고양이든 인공지능이 그런 개념들을 충분히 이해하는 것은 영원히 불가능하다고 단언할 이유는 없다. 하지만 우리가 여기서 확인한 점은 개념의 사례를 식별하는 능력이 개념을 이해하는 능력을 함축하는 것은 아니고, 그 역도 마찬가지라는 것이다.

① 인간 개념과 관련된 모든 지식을 가진 사람은 아무도 없겠지만 우리는 대개 인간과 인간 아닌 존재를 어렵지 않게 구별할 줄 안다.

② 어느 정도의 훈련을 받은 사람은 병아리의 암수를 정확히 감별하지만 그렇다고 암컷과 수컷 개념을 이해하고 있다고 볼 이유는 없다.

③ 자율주행 자동차에 탑재된 인공지능이 인간 개념을 이해하고 있지 않다면 동물 복장을 하고 횡단보도를 건너는 인간 보행자를 인간으로 식별하지 못한다.

④ 정육면체 개념을 이해할 리가 없는 침팬지도 다양한 형태의 크고 작은 상자들 가운데 정육면체 모양의 상자에만 숨겨둔 과자를 족집게같이 찾아낸다.

⑤ 10월 어느 날 남반구에서 북반구로 여행을 간 사람이 그곳의 계절을 봄으로 오인한다고 해서 그가 봄과 가을의 개념을 잘못 이해하고 있다고 할 수는 없다.

23 다음 글의 내용으로 적절하지 않은 것은?

일반적으로 문화는 '생활양식' 또는 '인류의 진화로 이룩된 모든 것'이라는 포괄적인 개념을 갖고 있다. 이렇게 본다면 언어는 문화의 하위 개념에 속하는 것이다. 그러나 언어는 문화의 하위 개념에 속하면서도 문화 자체를 표현하여 그것을 전파·전승하는 기능도 한다. 이로 보아 언어에는 그것을 사용하는 민족의 문화와 세계 인식이 녹아있다고 할 수 있다. 가령 '사촌'이라고 할 때, 영어에서는 'Cousin'으로 이를 통칭하는 것을 우리말에서는 친·외, 고종·이종 등으로 구분하고 있다. 친족 관계에 대한 표현에서 우리말이 영어보다 좀 더 섬세하게 되어 있는 것이다. 이것은 친족 관계를 좀 더 자세히 표현하여 차별 내지 분별하려 한 우리 문화와 그것을 필요로 하지 않는 영어권 문화의 차이에서 기인한 것이다.

문화에 따른 이러한 언어의 차이는 낱말에서만이 아니라 어순에서도 나타난다. 우리말은 영어와 주술 구조가 다르다. 우리말은 주어 다음에 목적어, 그 뒤에 서술어가 온다. 이에 비해 영어에서는 주어 다음에 서술어, 그 뒤에 목적어가 온다. 우리말의 경우 '나는 너를 사랑한다.'라고 할 때, '나'와 '너'를 먼저 밝히고, 그 다음에 '나의 생각'을 밝히는 것에 비하여, 영어에서는 '나'가 나오고, 그 다음에 '나의 생각'이 나온 뒤에 목적어인 '너'가 나온다. 이러한 어순의 차이는 결국 나의 의사보다 상대방에 대한 관심을 먼저 보이는 우리말과 나의 의사를 밝히는 것이 먼저인 영어를 사용하는 사람들의 문화 차이에서 기인한 것이다. 대화를 할 때 다른 사람을 대우하는 것에서도 이런 점을 발견할 수 있다.

손자가 할아버지에게 무엇을 부탁하는 경우를 생각해 보자. 이 경우 영어에서는 'You do it, please.'라고 하고, 우리말에서는 '할아버지께서 해 주세요.'라고 한다. 영어에서는 상대방이 누구냐에 관계없이 상대방을 가리킬 때 'You'라는 지칭어를 사용하고, 서술어로는 'do'를 사용한다. 그런데 우리말에서는 상대방을 가리킬 때, 무조건 영어의 'You'에 대응하는 '당신(너)'이라는 말만을 쓰는 것은 아니고 상대에 따라 지칭어를 달리 사용한다. 뿐만 아니라 영어의 'do'에 대응하는 서술어도 상대에 따라 '해 주어라, 해 주게, 해 주오, 해 주십시오, 해 줘, 해 줘요'로 높임의 표현을 달리한다. 이는 우리말이 서열을 중시하는 전통적인 유교 문화를 반영하고 있기 때문이다. 언어는 단순한 음성기호 이상의 의미를 지니고 있다. 앞의 예에서 알 수 있듯이 언어에는 그 언어를 사용하는 민족의 문화가 용해되어 있다. 따라서 우리 민족이 한국어라는 구체적인 언어를 사용한다는 것은 단순히 지구상에 있는 여러 언어 가운데 개별 언어 한 가지를 쓴다는 사실만을 의미하지는 않는다. 한국어에는 우리 민족의 문화와 세계 인식이 녹아있기 때문이다. 따라서 우리말에 대한 애정은 우리 문화에 대한 사랑이요, 우리의 정체성을 살릴 수 있는 길일 것이다.

① 언어는 문화를 표현하고 전파·전승하는 기능을 한다.
② 문화의 하위 개념인 언어는 문화와 밀접한 관련이 있다.
③ 영어에 비해 우리말은 친족 관계를 나타내는 표현이 다양하다.
④ 우리말에 높임 표현이 발달한 것은 서열을 중시하는 문화가 반영된 것이다.
⑤ 우리말의 문장 표현에서는 상대방에 대한 관심보다는 나의 생각을 우선시한다.

24 가로, 세로의 길이가 각각 30cm, 20cm인 직사각형이 있다. 가로의 길이를 줄여서 직사각형의 넓이를 $\frac{1}{3}$ 이하로 줄이고자 할 때, 가로를 최소 몇 cm 이상 줄여야 하는가?

① 10cm

② 20cm

③ 30cm

④ 40cm

⑤ 50cm

25 재무회계팀에 근무하는 귀하는 퇴직금 산출법을 참고하여 퇴직금을 정산하는 업무를 담당한다. 이번 달에 퇴직하는 A ~ D씨의 퇴직자 연금액수 산출자료를 통해 귀하가 예상할 수 있는 것은?

〈퇴직금 산출법〉

퇴직할 때 받게 되는 연금액수는 근무연수와 최종평균보수월액에 의해 결정된다. 연금 액수 산출방법에는 월별연금 지급방식과 일시불연금 지급방식이 있다.

(1) (월별연금 지급액)＝(최종평균보수월액)×{0.5+0.02×[(근무연수)−20]}

　　(다만, 월별연금 지급액은 최종평균보수월액의 80%를 초과할 수 없다)

(2) (일시불연금 지급액)

　　＝[(최종평균보수월액)×(근무연수)×2]+{(최종평균보수월액)×[(근무연수)−5]×0.1}

〈퇴직자 연금액수 산출자료〉

퇴직자	근무연수(년)	최종평균보수월액(만 원)
A	20	100
B	35	100
C	37	100
D	10	200

---

① A가 100개월만 연금을 받을 수 없다면 월별연금보다 일시불연금을 선택하는 것이 유리할 것이다.

② A의 일시불연금 지급액은 D의 일시불연금 지급액보다 적을 것이다.

③ C가 B보다 월별연금 지급액을 4만 원 더 받게 될 것이다.

④ D가 월급에 변화 없이 10년을 더 근무한다면 D의 일시불연금 지급액은 현재 받을 수 있는 일시불연금 지급액의 두 배가 넘을 것이다.

⑤ A가 받을 수 있는 월별연금 지급액은 최종평균보수월액의 80%를 초과한다.

26 다음은 여러 통화의 원화 환율을 나타낸 자료이다. 〈보기〉의 A ~ D가 외화 환전으로 얻은 이익 중 최대 이익과 최소 이익의 차를 바르게 구한 것은?

〈통화 원화 환율〉

(단위 : 원)

구분	1월 1일	3월 23일	6월 12일
1달러	1,180	1,215	1,190
1유로	1,310	1,370	1,340
1위안	165	175	181
100엔	1,090	1,105	1,085

〈보기〉

• A는 1월 1일에 원화를 300달러로 환전하였고, 이 중에서 100달러를 3월 23일에, 나머지 200달러를 6월 12일에 다시 원화로 환전하였다.
• B는 1월 1일에 원화를 3,000엔으로 환전하였고, 이 중에서 1,000엔을 3월 23일에, 나머지 2,000엔을 6워 12일에 원화로 환전하였다.
• C는 1월 1일에 원화를 1,000위안으로 환전하였고, 이 중에서 300위안을 3월 23일에, 나머지 700위안을 6월 12일에 원화로 환전하였다.
• D는 1월 1일에 원화를 400유로로 환전하였고, 이 중에서 200유로를 3월 23일에, 나머지 200유로를 6월 12일에 원화로 환전하였다.

① 16,450원
② 17,950원
③ 17,500원
④ 17,750원
⑤ 18,000원

27 다음은 중국에 진출한 프렌차이즈 커피전문점에 대해 SWOT 분석을 한 자료이다. (가) ~ (라)에 들어갈 전략을 바르게 나열한 것은?

강점(Strength)	약점(Weakness)
• 풍부한 원두커피의 맛 • 독특한 인테리어 • 브랜드 파워 • 높은 고객충성도	• 낮은 중국 내 인지도 • 높은 시설비 • 비싼 임대료
기회(Opportunity)	위협(Threat)
• 중국 경제 급성장 • 서구문화에 대한 관심 • 외국인 집중 • 경쟁업체 진출 미비	• 중국의 차 문화 • 유명 상표 위조 • 커피 구매 인구의 감소

(가)	(나)
• 브랜드가 가진 미국 고유문화 고수 • 독특하고 차별화된 인테리어 유지 • 공격적 점포 확장	• 외국인이 많은 곳에 점포 개설 • 본사 직영으로 인테리어
(다)	(라)
• 고품질 커피로 상위 소수고객에 집중	• 녹차 향 커피 • 개발 상표 도용 감시

	(가)	(나)	(다)	(라)
①	SO전략	ST전략	WO전략	WT전략
②	WT전략	ST전략	WO전략	SO전략
③	SO전략	WO전략	ST전략	WT전략
④	ST전략	WO전략	SO전략	WT전략
⑤	WT전략	WO전략	ST전략	SO전략

※ K악기회사는 기타를 만들 때마다 다음과 같은 규칙을 적용하여 시리얼 번호를 부여하고 있다. 창고에 남은 기타들의 시리얼 넘버를 정리한 자료가 〈보기〉와 같을 때, 이어지는 질문에 답하시오. **[28~29]**

〈K악기회사 시리얼 번호 부여 방법〉

MZ09042589	M	생산한 공장을 의미한다. (M=멕시코)
	Z	생산한 시대를 의미한다. (Z=2000년대)
	0904	생산연도와 월을 의미한다. (09=2009년, 04=4월)
	2589	생산된 순서를 의미한다. (2589번)

생산한 공장		생산한 시대	
미국	U	1960년대	V
중국	C	1970년대	W
베트남	V	1980년대	X
멕시코	M	1990년대	Y
필리핀	P	2000년대	Z
인도네시아	I	2010년대	A

28 〈보기〉의 시리얼 번호를 생산한 공장을 기준으로 분류할 경우 총 몇 개의 분류로 나뉠 수 있는가?

─〈보기〉─

CZ09111213	VA27126459	IA12025512	VZ09080523	MX95025124	PA15114581	VY94085214	IZ04081286
PY93122569	MZ06077856	MY03123268	VZ03033231	CZ05166237	VA13072658	CZ01120328	IZ08112384
MX89124587	PY96064568	CZ11128465	PY91038475	VZ09122135	IZ03081657	CA12092581	CY12056487
VZ08203215	MZ05111032	CZ05041249	IA12159561	MX83041235	PX85124982	IA11129612	PZ04212359
CY87068506	IA10052348	VY97089548	MY91084652	VA07107459	CZ09063216	MZ01124523	PZ05123458

① 2개 ② 3개
③ 4개 ④ 5개
⑤ 6개

29 〈보기〉의 시리얼 번호 중 생산연도와 월이 잘못 기입된 번호가 있다고 한다. 잘못 기입된 시리얼 번호는 총 몇 개인가?

① 10개 ② 11개
③ 12개 ④ 13개
⑤ 14개

30 콩쥐, 팥쥐, 향단, 춘향 네 사람은 함께 마을 잔치에 참석하기로 했다. 빨간색, 파란색, 노란색, 검은색 색깔별로 총 12개의 족두리, 치마, 고무신을 구입하여 각자 다른 색의 족두리, 치마, 고무신을 착용하기로 했다. 예를 들어, 어떤 사람이 빨간색 족두리, 파란색 치마를 착용한다면, 고무신은 노란색 또는 검은색으로 착용해야 한다. 다음 〈조건〉을 토대로 반드시 참인 것은?

――――――――――〈조건〉――――――――――
- 선호하는 것을 배정받고, 싫어하는 것은 배정받지 않는다.
- 콩쥐는 빨간색 치마를 선호하고, 파란색 고무신을 싫어한다.
- 팥쥐는 노란색을 싫어하고, 검은색 고무신을 선호한다.
- 향단은 검은색 치마를 싫어한다.
- 춘향은 빨간색을 싫어한다.

① 콩쥐는 검은색 족두리를 착용한다.
② 팥쥐는 노란색 족두리를 착용한다.
③ 향단은 파란색 고무신을 착용한다.
④ 춘향은 검은색 치마를 착용한다.
⑤ 빨간색 고무신을 착용하는 사람은 파란색 족두리를 착용한다.

31 다음은 D고객과 E기사가 나눈 대화이다. 이를 보고 D고객이 앞으로 할 행동으로 가장 적절한 것은?

D고객 : 안녕하세요. 오늘 오전에 이메일에서 파일을 받았는데, 제 컴퓨터에서 바이러스 감지 알람이 울리고, 이상한 문자가 날아왔어요. 아무래도 개인정보가 유출된 것 같아 연락드립니다.
E기사 : 아, 네. 다운받으신 파일에서 바이러스가 있었나 봅니다.
D고객 : 빨리 조치를 취하고 싶은데 무슨 방법이 없을까요?
E기사 : 현재 새로운 보안 프로그램이 나왔어요. 메일로 보내드릴게요. 우선은 이걸로 컴퓨터를 치료해 보세요.
D고객 : 감사합니다.

① 의심이 가는 이메일은 열어서 글을 확인하고 삭제한다.
② 바이러스나 해킹 프로그램 방지를 위해 365일 백신 프로그램을 실행한다.
③ 백신 프로그램은 자동 업데이트 설정보다는 3달에 1번 가능하도록 설정해 놓는다.
④ 회원 가입한 사이트의 패스워드는 잊어버리지 않도록 알기 쉬운 번호로 설정한다.
⑤ 경제적인 불법 소프트웨어를 사용한다.

※ 다음 글을 읽고 이어지는 질문에 답하시오. [32~33]

정보는 전 세계에 산재해 있는 자료들 중에 필요한 것만을 골라내어 얻을 수도 있지만, 경우에 따라서는 전문가들의 손에 의해 자료들을 가공하고 처리해 야만 '정보'로서의 가치를 얻을 수 있는 것들도 많다. 예를 들어, 우리나라에서 한 해 동안 소비되는 담배의 양이 얼마나 되는지를 알기 위해서는 각 시·도에서 소비되는 담배의 양에 대한 자료를 수집하여 집계를 해야 한다. 이렇게 집계된 결과는 우리가 얻고자 하는 '정보'가 되고, 각 시·도의 담배 소비량은 정보를 얻기 위해 입력한 '자료'가 된다. 따라서 자료(Data)와 정보(Information)와 지식(Knowledge)은 본질적으로 구분되어 있는 서로 다른 것이 아니기 때문에, 굳이 떼려야 뗄 수 없는 불가분의 관계로 보아야 한다.
정보화 사회란 이 세상에서 필요로 하는 정보가 사회의 중심이 되는 사회로서 컴퓨터 기술과 정보통신 기술을 활용하여 사회 각 분야에서 필요로 하는 가치 있는 정보를 창출하고, 보다 유익하고 윤택한 생활을 영위하는 사회를 뜻한다. 이러한 정보화 사회에서는 정보검색, 정보관리, 정보전파가 반드시 필요하다.

32 다음 중 자료, 정보, 지식에 대한 설명으로 적절하지 않은 것은?

① 지식이란 어떤 특정한 목적을 달성하기 위해 과학적으로 구체화되거나 정립된 정보를 뜻한다.

② 자료란 정보 작성을 위해 필요한 데이터를 말한다.

③ 정보란 특정한 목적을 달성하는 데 필요하거나 특정한 의미가 있는 것이다.

④ 자료란 특정의 목적에 대하여 평가되지 않은 상태의 숫자나 문자들이 단순한 나열을 의미한다.

⑤ 지식은 어떤 대상에 대하여 원리적·통일적으로 조직되어 객관적 타당성을 요구할 수 있는 판단의 체계를 제시한다.

33 다음 중 윗글에서 밑줄 친 정보검색의 단계를 바르게 나열한 것은?

① 검색주제 선정 → 검색식 작성 → 정보원 선택 → 결과 출력

② 검색주제 선정 → 정보원 선택 → 검색식 작성 → 결과 출력

③ 정보원 선택 → 검색식 작성 → 검색주제 선정 → 결과 출력

④ 정보원 선택 → 검색주제 선정 → 검색식 작성 → 결과 출력

⑤ 검색식 작성 → 검색주제 선정 → 정보원 선택 → 결과 출력

34 다음 그림의 [C2:C3] 셀처럼 수식을 작성한 셀에 결괏값 대신 수식 자체가 표시되도록 하는 방법으로 가장 적절한 것은?

◢	A	B	C
1	국어	국사	총점
2	93	94	=SUM(A2:B2)
3	92	88	=SUM(A3:B3)

① [수식] 탭 – [수식 분석] 그룹 – [수식 표시] 클릭

② [보기] 탭 – [표시 / 숨기기] 그룹 – [수식 입력줄] 클릭

③ [셀 서식] – [표시 형식] 탭 – [수식] – 선택

④ [셀 서식] – [표시 형식] 탭 – [계산식] – 선택

⑤ [수식] 탭 – [수식 분석] 그룹 – [수식 계산] 클릭

35 다음 중 파워포인트에서 도형을 그릴 때 적절하지 않은 것은?

① 타원의 경우 도형 선택 후 〈Shift〉를 누르고 드래그하면 정원으로 크기 조절이 가능하다.

② 도형 선택 후 〈Shift〉를 누르고 도형을 회전시키면 30° 간격으로 회전시킬 수 있다.

③ 타원을 중심에서부터 정비례로 크기를 조절하려면 〈Ctrl〉+〈Shift〉를 함께 누른 채 드래그한다.

④ 도형 선택 후 〈Ctrl〉+〈D〉를 누르면 크기와 모양이 같은 도형이 일정한 간격으로 반복해서 나타난다.

⑤ 도형을 선택하고 〈Ctrl〉+〈Shift〉를 누르고 수직 이동하면 수직 이동된 도형이 하나 더 복사된다.

36 직장인 K씨는 아침 회의에 프레젠테이션을 이용하여 발표를 진행하다가 키보드의 〈Home〉 키를 잘못 눌러 슬라이드 쇼 화면 상태에서 슬라이드가 처음으로 되돌아가 버렸다. 마지막에 진행했던 슬라이드부터 프레젠테이션을 실행하기 위해 〈ESC〉 키를 눌러 쇼 화면 상태에서 나간 후 [여러 슬라이드]에서 해당 슬라이드를 선택하여 프레젠테이션을 실행하려고 할 때, K씨가 눌러야 할 단축키로 가장 적절한 것은?

① 〈Ctrl〉+〈S〉   ② 〈Shift〉+〈F5〉

③ 〈Ctrl〉+〈P〉   ④ 〈Shift〉+〈F10〉

⑤ 〈Ctrl〉+〈M〉

37 왼쪽 워크시트의 성명 데이터를 오른쪽 워크시트와 같이 성과 이름 두 개의 열로 분리하기 위해 [텍스트 나누기] 기능을 사용하고자 한다. 다음 중 [텍스트 나누기]의 분리 방법으로 가장 적절한 것은?

◢	A
1	김철수
2	박선영
3	최영희
4	한국인

◢	A	B
1	김	철수
2	박	선영
3	최	영희
4	한	국인

① 열 구분선을 기준으로 내용 나누기
② 구분 기호를 기준으로 내용 나누기
③ 공백을 기준으로 내용 나누기
④ 탭을 기준으로 내용 나누기
⑤ 행 구분선을 기준으로 내용 나누기

38 귀하는 회사 내의 자원봉사활동으로 보육원에서 워드프로세서 강의를 맡게 되었다. 보육원에서 강의하는 내용 중 삽입, 삭제, 수정에 대해 잘못 설명한 것은?

① 삽입 상태에서 삽입할 위치에 커서를 두고 새로운 내용을 입력하면 원래의 내용은 뒤로 밀려나며 내용이 입력됩니다.
② 임의의 내용을 블록(영역) 지정한 후 〈Delete〉 키를 누르면 영역을 지정한 곳의 내용은 모두 삭제됩니다.
③ 〈Delete〉 키는 커서는 움직이지 않고 오른쪽 문자열을 하나씩 삭제합니다.
④ 〈Space Bar〉 키는 삽입 상태에서 커서를 오른쪽으로 이동시키면서 한 문자씩 삭제합니다.
⑤ 〈Insert〉 키를 누르면 삽입이나 수정이 가능합니다.

39 다음 중 엑셀의 틀 고정 및 창 나누기에 대한 설명으로 적절하지 않은 것은?

① 화면에 나타나는 창 나누기 형태는 인쇄 시 적용되지 않는다.
② 창 나누기를 수행하면 셀 포인터의 오른쪽과 아래쪽으로 창 구분선이 표시된다.
③ 창 나누기는 셀 포인터의 위치에 따라 수직, 수평, 수직·수평 분할이 가능하다.
④ 첫 행을 고정하려면 셀 포인터의 위치에 상관없이 [틀 고정] – [첫 행 고정]을 선택한다.
⑤ 셀 편집 모드에 있거나 워크시트가 보호된 경우에는 틀 고정 명령을 사용할 수 없다.

40 K사 인사부에 근무하는 김대리는 신입사원들의 교육점수를 다음과 같이 정리한 후 VLOOKUP 함수를 이용해 교육점수별 등급을 입력하려고 한다. [E2:F8]의 데이터 값을 이용해 (A) 셀에 함수식을 입력한 후 자동 채우기 핸들로 사원들의 교육점수별 등급을 입력할 때, (A) 셀에 입력해야 할 함수식으로 가장 적절한 것은?

	A	B	C	D	E	F
1	사원	교육점수	등급		교육점수	등급
2	최○○	100	(A)		100	A
3	이○○	95			95	B
4	김○○	95			90	C
5	장○○	70			85	D
6	정○○	75			80	E
7	소○○	90			75	F
8	신○○	85			70	G
9	구○○	80				

① =VLOOKUP(B2,E2:F8,2,1)

② =VLOOKUP(B2,E2:F8,2,0)

③ =VLOOKUP(B2,$E$2:$F$8,2,0)

④ =VLOOKUP(B2,$E$2:$F$8,1,0)

⑤ =VLOOKUP(B2,$E$2:$F$8,1,1)

41 다음 글의 밑줄 친 '팀제'에서 나타날 수 있는 단점으로 보기 어려운 것은?

팀제는 조직 간의 수직적 장벽을 허물고 보다 자율적인 환경 속에서 인재의 폭넓은 활용으로, 경영자원의 효율성을 극대화하기 위해 내부운영에 유연성을 부여한 새로운 조직형태를 말한다. 이러한 팀제는 경영환경 변화에 보다 유연하게 대처하기 위해 자신들이 책임질 수 있는 공동의 목적, 업무수행목표와 일의 추진방법에 전념하기로 한 소수의 상호보완적 경험 및 기술을 가진 사람들의 집단으로, 오늘날 미래의 조직으로서 부각되고 있다.

① 팀 내에서 또는 팀원 간의 갈등현상이 야기될 수 있다.

② 관리계층의 확대를 가져올 수 있다.

③ 팀원 간의 개인주의가 확산될 가능성이 있다.

④ 팀원의 보상에 대한 적절한 기준의 부재를 볼 수 있다.

⑤ 팀원을 감독하고 통제하기 어렵다.

---

1. ___㉠___ **직무 특성 및 소개**

시설투자·공사지원·유지관리로 회사의 자산 가치를 극대화하고 임직원과의 소통과 원활한 경영활동 지원을 위한 업무를 수행합니다. 효율적인 공간 활용 및 쾌적한 사무환경 구축, 임직원 복지 증진으로 업무 효율성을 높이는 등 총체적인 업무지원 제반 활동을 진행합니다. 세부적으로 본사 및 사업장 부동산 자산관리, 임대차 자산 계약관리 등을 담당하는 관재업무, 설비 총괄 관리 및 시설물 관리로 쾌적한 근무환경 조성 업무, 주주총회 기획·운영·관리 업무, 임직원 복리후생 제도 기획·운영 및 사회공헌 프로그램을 진행하는 복지관련 업무, 경영진 및 VIP 의전 및 대민·대관 관련 업무 등을 수행합니다.

2. **구매직무 주요 업무 내용**
   - 시장조사 : 환율, 원부자재 가격 변동 등 Trend 조사 및 분석
   - 업체발굴 : TCO관점에서 QCD 만족 시키는 협력사 검토
   - 협상/계약 : 가격 협상 및 납기 조율
   - 자재관리 : 시스템 상 재고와 실 창고 재고 일치화 및 재고 수량 조사
   - 협력사 관리 및 협력사 기술/품질지원 : SRM시스템 구축 및 운영
   - 원가절감 활동 : 통합구매, 구매방식 다양화, 구매 시기 조정

---

42 다음 중 빈칸 ㉠에 들어갈 업무로 가장 적절한 것은?

① 총무   ② 인사
③ 회계   ④ 생산
⑤ 기획

43 다음 중 구매 직무를 수행하기 위해 필요한 능력으로 적절하지 않은 것은?

① 원가에 대한 이해력   ② 데이터 분석 및 가공능력
③ 협상 및 설득능력   ④ 생산 제품에 대한 지식
⑤ 협력사 검토 및 관리력

※ 다음 글을 읽고 이어지는 질문에 답하시오. [44~46]

과거에는 기업 자체적으로 기업 내부의 자원을 총 동원하여 모든 문제를 해결하고 기업 혼자만의 기술과 능력으로 사업을 추진하는 것이 대세였다면 이제는 대부분의 기업과 스타트업들에 있어   ㉠   이 거부할 수 없는 필수요소가 되었다.

개방형 혁신 또는 열린 혁신으로 불리는   ㉠   은 일반적으로 기업들이 자체 연구개발 또는 사업화 과정에서 대학이나 타기업 및 연구소 등의 외부 기술과 지식을 접목하고 도입하거나 이를 활용하여 사업화함으로써 성과와 효율성을 극대화하려는 경영전략이다. 기업에 필요한 기술과 아이디어를 외부에서 조달하는 한편 기업 내부의 자원을 외부와 공유하면서 혁신적인 새로운 제품이나 서비스를 만들어내는 것을   ㉠   이라고 할 수 있다. 이는 기업의 사업 환경이 빠르게 변화하면서 신속하게 대응하는 기업들의 생존방식이라고도 할 수 있다.

  ㉠   의 추진과정에서   ㉡   은 빼 놓을 수 없는 필수요소이다.   ㉡   이란 오스본에 의해 처음 소개되었으며 특정한 주제에 대해 두뇌에서 폭풍이 휘몰아치듯이 생각나는 아이디어를 가능한 모두 끌어내어 내놓는 것이다. 짧은 시간에 많은 아이디어를 생성해 내는 것이 목적이고 주로 집단의 회의, 토의, 토론 등에서 사용할 수 있다. 업무의 추진과정에서 접하게 될 예측가능한 모든 사안에 대하여 가능한 모든 원인을 찾아내는데도   ㉡   처럼 유용한 것은 없다. 대부분의 다국적 기업들은 모든 문제해결과 외부자원을 활용하고자 할 때   ㉡   을 통해 성과를 내고 있기도 하다.

44 다음 중 빈칸 ㉠에 들어갈 내용으로 가장 적절한 것은?

① 애자일(Agile)

② 오픈 이노베이션(Open Innovation)

③ 데브옵스(DevOps)

④ 빅데이터(Big Data)

⑤ 브레인 라이팅(Brain Writing)

45 다음 중 ㉠의 사례로 적절하지 않은 것은?

① 일본 S맥주는 수제맥주를 직접 만들고 싶은 소비자들을 웹사이트에서 모집해 삿포로 직원과 함께 컬래버 제품을 개발하고 있다. 이미 10종류의 맥주가 탄생했으며, S맥주는 이 중 일부를 연내 출시할 예정이다.

② 국내 K사는 직원과 외부인 5 ~ 6명으로 팀을 구성해 새로운 제품을 개발하고 있으며 크게 파트너십과 벤처, 액셀러레이터, 인수 합병(M&A)의 네 가지 카테고리를 통해 전략을 운용하고 있다.

③ A사는 하드웨어 생산은 아웃소싱하지만 제품 개발은 철저히 비밀리에 내부적으로 진행하고 있다.

④ L장난감은 사이트를 통해 사용자의 디자인 평가와 새로운 아이디어를 공유, 신제품 개발에 활용하고 있다.

⑤ 국내 D제약은 줄기세포를 처음부터 개발한 게 아니라 대학이나 연구소에서 개발하던 것을 발굴하여 과감히 라이센스인한 것이다. 뿐만 아니라 하버드대학과 콜럼비아대학에서 스핀아웃된 회사의 기술도 얹어 좀 더 나은 개발을 할 수 있도록 협력하고 있다.

46 다음 중 ⓛ과 같은 형태의 회의에 대한 특징으로 볼 수 없는 것은?

① 고정관념을 버린다.
② 의사결정에 있어 양보다 질을 추구한다.
③ 여러 사람의 아이디어를 활용하여 더 좋은 대안을 도출한다.
④ 자유로운 분위기를 조성한다.
⑤ 다른 사람이 아이디어를 제시할 때에는 비판하지 않는다.

47 C사원은 베트남에서의 국내 자동차 판매량에 대해 조사를 하던 중 한 가지 특징을 발견했다. 베트남 사람들은 간접적인 방법을 통해 구매하는 것보다 매장에 직접 방문해 구매하는 것을 더 선호한다는 사실이다. 이를 참고하여 C사원이 기획한 신사업 전략으로 적절하지 않은 것은?

① 인터넷과 TV광고 등 비대면채널 홍보를 활성화한다.
② 쾌적하고 깔끔한 매장 환경을 조성한다.
③ 언제 손님이 방문할지 모르기 때문에 매장에 항상 영업사원을 배치한다.
④ 매장 곳곳에 홍보물을 많이 비치해둔다.
⑤ 정확한 설명을 위해 사원들에게 신차에 대한 정보를 숙지하게 한다.

48 업무상 미국인 C씨와 만나야 하는 B대리가 알아두어야 할 예절로 적절하지 않은 것은?

> A부장 : B대리, Q기업 C씨를 만날 준비는 다 되었습니까?
> B대리 : 네, 부장님. 필요한 자료는 다 준비했습니다.
> A부장 : 그래요. 우리 회사는 해외 진출이 경쟁사에 비해 많이 늦었는데 Q기업과 파트너만 된다면 큰 도움이 될 겁니다. 아, 그런데 업무 관련 자료도 중요하지만 우리랑 문화가 다르니까 실수하지 않도록 준비 잘 하세요.
> B대리 : 네, 알겠습니다.

① 무슨 일이 있어도 시간은 꼭 지켜야 한다.
② 악수를 할 때 눈을 똑바로 보는 것은 실례이다.
③ 어떻게 부를 것인지 상대방에게 미리 물어봐야 한다.
④ 명함은 악수를 한 후 교환한다.
⑤ 인사를 하거나 이야기할 때 어느 정도의 거리(공간)를 두어야 한다.

※ 다음 K기업의 경영전략을 읽고 이어지는 질문에 답하시오. [49~50]

지난 해 K기업은 총 매출 기준으로 1조 2,490억 원을 달성했다. 이는 대한민국 인구 5,000만 명을 기준으로 했을 때, 인당 K기업 제품을 연간 약 20개를 구입한 셈이다. 평균가 1,200원 제품을 기준으로 했을 때는 연간 총 약 10억 개가 팔린 수치이다. 하루 평균 약 273만 개, 시간당 약 11만 개, 분당 약 1,830개, 초당 약 30개가 팔린 것이다. 하루 K기업 매장을 이용하는 고객수도 일일 60만 명에 이르고 있다. 요즘 SNS상에는 K기업이라는 이름보다 '이거 있소'라는 말이 더 많이 검색된다. "오늘 이거있소에서 득템했어.", "이거있소의 희귀템 추천합니다." 등은 없는 것이 없는 K기업을 지칭하는 말이다. 이같이 인식시킬 수 있었던 비결에는 K기업만의 차별화된 콘셉트와 마케팅 전략이 숨어 있기 때문이라고 회사는 설명한다. ㉠ 1,000원 상품 비중이 50% 이상, 국산 제품 비중이 50% 이상이어야 한다는 기본 경영철학하에 가격 고정이라는 카테고리 전략을 펼친 것이다. 이것에 승부를 걸어온 K기업은 전국 어디에서나 일상생활에 필요한 모든 상품을 공급한다는 차별화된 정책을 지속시키고 있다. 과거에는 불황시대의 산물로 비춰진 적도 있었지만, 불황이나 호황에 구애받지 않는 것 또한 K기업만의 차별화된 행보이다. 매월 600여 개의 신제품을 쏟아내는 것 또한 K기업만의 차별화된 소싱 능력으로 꼽을 수 있다.

49 다음 중 ㉠에 해당하는 K기업의 경영전략에 해당하는 것은?

① 원가우위전략　　　　　　　　　② 차별화전략
③ 집중화전략　　　　　　　　　　④ 혁신전략
⑤ 비차별화전략

50 경영전략은 전략 목표 설정, 전략 환경 분석, 경영전략 도출, 경영전략 실행, 전략평가 및 피드백의 단계로 실행된다. 경영전략의 5단계 추진 과정 중 윗글의 사례에 해당하는 것은?

① 전략 목표 설정　　　　　　　　② 전략 환경 분석
③ 경영전략 도출　　　　　　　　　④ 경영전략 실행
⑤ 전략 평가 및 피드백

2권

제2회
신용보증기금&
기술보증기금

NCS 직업기초능력

www.sdedu.co.kr

〈문항 및 시험시간〉

구분	평가영역	문항 수	시험시간	모바일 OMR 답안채점/성적분석 서비스
신용보증기금	의사소통＋수리＋문제해결	20문항	25분	
기술보증기금	의사소통＋수리＋문제해결 ＋정보＋조직이해	50문항	60분	

제2회 모의고사

※ 1번부터 20번까지는 신용보증기금과 기술보증기금의 필기전형 공통영역으로 구성하였습니다.
  신용보증기금 응시생은 1번부터 20번까지, 기술보증기금 응시생은 1번부터 50번까지 학습하시기 바랍니다.

01 다음 글에서 추론할 수 있는 내용으로 가장 적절한 것은?

> 어떤 시점에 당신만이 느끼는 어떤 감각을 지시하여 'W'라는 용어의 의미로 삼는다고 해 보자. 그 이후에 가끔 그 감각을 느끼게 되면, "'W'라고 불리는 그 감각이 나타났다."라고 당신은 말할 것이다. 그렇지만 그 경우에 당신이 그 용어를 올바로 사용했는지 그렇지 않은지를 어떻게 결정할 수 있는가? 만에 하나 첫 번째 감각을 잘못 기억할 수도 있는 것이고, 혹은 실제로는 단지 희미하고 어렴풋한 유사성밖에 없는데도 첫 번째 감각과 두 번째 감각 사이에 밀접한 유사성이 있는 것으로 착각할 수도 있다. 더구나 그것이 착각인지 아닌지를 판단할 근거가 없다면 말이다. 만약 'W'라는 용어의 의미가 당신만이 느끼는 그 감각에만 해당한다면, 'W'라는 용어의 올바른 사용과 잘못된 사용을 구분할 방법은 어디에도 없게 될 것이다. 올바른 적용에 대해 결정을 내릴 수 없는 용어는 아무런 의미도 갖지 않는다.

① 본인만이 느끼는 감각을 지시하는 용어는 아무 의미도 없다.
② 어떤 용어도 구체적 사례를 통해서 의미를 얻게 될 수 없다.
③ 감각을 지시하는 용어는 사용하는 사람에 따라 상대적인 의미를 갖는다.
④ 감각을 지시하는 용어의 의미는 그것이 무엇을 지시하는가와 아무 상관이 없다.
⑤ 감각을 지시하는 용어의 의미는 다른 사람들과 공유하는 의미로 확장될 수 있다.

02 다음 글의 중심 내용으로 가장 적절한 것은?

분노는 공격과 복수의 행동을 유발한다. 분노 감정의 처리에는 '눈에는 눈, 이에는 이'라는 탈리오 법칙이 적용된다. 분노의 감정을 느끼게 되면 상대방에 대해 공격적인 행동을 하고 싶은 공격 충동이 일어난다. 동물의 경우, 분노를 느끼면 이빨을 드러내거나 발톱을 세우는 등 공격을 위한 준비 행동을 나타내게 된다. 사람의 경우에도 분노를 느끼면 자율신경계가 활성화되고 눈매가 사나워지며 이를 꽉 깨물고 주먹을 불끈 쥐는 등 공격 행위와 관련된 행동들이 나타나게 된다. 특히 분노 감정이 강하고 상대방이 약할수록 공격 충동은 행동화되는 경향이 있다.

① 공격을 유발하게 되는 원인
② 분노가 야기하는 행동의 변화
③ 탈리오 법칙의 정의와 실제 사례
④ 동물과 인간의 분노 감정의 차이
⑤ 분노 감정의 처리와 법칙

03 다음 글의 서술상 특징으로 가장 적절한 것은?

교육센터는 7가지 코스로 구성된다. 먼저, 기초훈련코스에서는 자동차 특성의 이해를 통해 안전운전의 기본 능력을 향상시킨다. 자유훈련코스는 운전자의 운전자세 및 공간 지각능력에 따른 안전위험 요소를 교육한다. 위험회피코스에서는 돌발 상황 발생 시 위험회피 능력을 향상시키며, 직선제동코스에서는 다양한 도로환경에 적응하여 긴급 상황 시 효과적으로 제동할 수 있도록 교육한다. 빗길제동코스에서는 빗길 주행 시 위험요인을 체득하여 안전운전 능력을 향상시키고, 곡선주행코스에서는 미끄러운 곡선주행에서 안전운전을 할 수 있도록 가르친다. 마지막으로 일반·고속주행코스에서는 속도에 따라 발생할 수 있는 다양한 위험요인의 대처 능력을 향상시켜 방어운전 요령을 습득하도록 돕는다. 이외에도 친환경 운전 방법 '에코 드라이브'에 대해 교육하는 에코 드라이빙존, 안전한 교차로 통행방법을 가르치는 딜레마존이 있다. 안전운전의 기본은 운전자의 올바른 습관이다. 교통안전 체험교육센터에서 교육만 받더라도 교통사고 발생확률이 크게 낮아진다.

① 여러 가지를 비교하면서 그 우월성을 논하고 있다.
② 각 구성에 따른 특성을 대조하고 있다.
③ 상반된 결과를 통해 결론을 도출하고 있다.
④ 각 구성에 따른 특징과 그에 따른 기대효과를 설명하고 있다.
⑤ 의견의 타당성을 검증하기 위해 수치를 제시하고 있다.

04 A사원과 B사원은 사내 웹진을 읽다가 정보란에서 다음 글을 읽게 되었다. 질문의 답을 찾을 수 없는 것은?

해안에서 밀물에 의해 해수가 해안선에 제일 높게 들어온 곳과 썰물에 의해 제일 낮게 빠진 곳의 사이에 해당하는 부분을 조간대라고 한다. 지구상에서 생물이 살기에 열악한 환경 중 한 곳이 바로 이 조간대이다. 이곳의 생물들은 물에 잠겨 있을 때와 공기 중에 노출될 때라는 상반된 환경에 삶을 맞춰야 한다. 또한, 갯바위에 부서지는 파도의 파괴력도 견뎌내야 한다. 빗물이라도 고이면 민물이라는 환경에도 적응해야 하며, 강한 햇볕으로 바닷물이 증발하고 난 다음에는 염분으로 범벅된 몸을 추슬러야 한다. 이러한 극단적이고 변화무쌍한 환경에 적응할 수 있는 생물만이 조간대에서 살 수 있다.

조간대는 높이에 따라 상부, 중부, 하부로 나뉜다. 바다로부터 가장 높은 곳인 상부는 파도가 강해야만 물이 겨우 닿는 곳이다. 그래서 조간대 상부에 사는 생명체는 뜨거운 태양열을 견뎌내야 한다. 중부는 만조 때는 물에 잠기지만 간조 때는 공기 중에 노출되는 곳이다. 그런데 물이 빠져 공기 중에 노출되었다 해도 파도에 의해 어느 정도의 수분은 공급된다. 가장 아래에 위치한 하부는 간조 때를 제외하고는 항상 물에 잠겨 있다. 땅 위 환경의 영향을 적게 받는다는 점에선 다소 안정적이긴 해도 파도의 파괴력을 이겨내기 위해 강한 부착력을 지녀야 한다는 점에서 생존이 쉽지 않은 곳이다.

조간대에 사는 생물들은 불안정하고 척박한 바다 환경에 적응하기 위해 높이에 따라 수직적으로 종이 분포한다. 조간대를 찾았을 때 총알고둥류와 따개비들을 발견했다면 그곳이 조간대에서 물이 가장 높이 올라오는 지점인 것이다. 이들은 상당 시간 물 밖에 노출되어도 수분 손실을 막기 위해 패각과 덮개 판을 꼭 닫은 채 물이 밀려올 때까지 버텨낼 수 있다.

① 조간대에서 총알고둥류가 사는 곳은 어느 지점인가?
② 조간대의 중부에 사는 생물에는 어떠한 것이 있는가?
③ 조간대에서 높이에 따라 생물의 종이 수직으로 분포하는 이유는 무엇인가?
④ 조간대에 사는 생물들이 견뎌야 하는 환경적 조건에는 어떠한 것이 있는가?
⑤ 조간대의 상부에 사는 생물들의 환경 적응 방식의 예로는 어떠한 것이 있는가?

05 다음 글의 중심 주제로 가장 적절한 것은?

맹자는 다음과 같은 이야기를 전한다. 송나라의 한 농부가 밭에 나갔다 돌아오면서 처자에게 말한다. "오늘 일을 너무 많이 했다. 밭의 싹들이 빨리 자라도록 하나하나 잡아당겨줬더니 피곤하구나." 아내와 아이가 밭에 나가보았더니 싹들이 모두 말라 죽어 있었다. 이렇게 자라는 것을 억지로 돕는 일, 즉 조장하지 말라고 맹자는 말한다. 싹이 빨리 자라기를 바란다고 싹을 억지로 잡아 올려서는 안 된다. 목적을 이루기 위해 가장 빠른 효과를 얻고 싶겠지만 이는 도리어 효과를 놓치는 길이다. 억지로 효과를 내려고 했기 때문이다. 싹이 자라기를 바라 싹을 잡아당기는 것은 이미 시작된 과정을 거스르는 일이다. 효과가 자연스럽게 나타날 가능성을 방해하고 막는 일이기 때문이다. 싹의 성장 가능성은 땅속의 씨앗에 들어 있는 것이다. 개입하고 힘을 쏟고자 하는 대신에 이 잠재력을 발휘할 수 있도록 하는 것이 중요하다.

우리가 피해야 할 두 개의 암초가 있다. 첫째는 싹을 잡아당겨서 직접적으로 성장을 이루려는 것이다. 이는 목적성이 있는 적극적 행동주의로서 성장의 자연스러운 과정을 존중하지 않는 것이다. 달리 말하면 효과가 숙성되도록 놔두지 않는 것이다. 둘째는 밭의 가장자리에 서서 자라는 것을 지켜보는 것이다. 싹을 잡아당겨서도 안 되고 그렇다고 단지 싹이 자라는 것을 지켜만 봐서도 안 된다. 그렇다면 무엇을 해야 하는가? 싹 밑의 잡초를 뽑고 김을 매주는 일을 해야 하는 것이다. 경작이 용이한 땅을 조성하고 공기를 통하게 함으로써 성장을 보조해야 한다. 기다리지 못함도 삼가고 아무것도 안 함도 삼가야 한다. 작동 중에 있는 자연스런 성향이 발휘되도록 기다리면서도 전력을 다할 수 있도록 돕는 노력도 멈추지 말아야 한다.

① 인류사회는 자연의 한계를 극복하려는 인위적 노력에 의해 발전해 왔다.
② 싹이 스스로 성장하도록 그대로 두는 것이 수확량을 극대화하는 방법이다.
③ 어떤 일을 진행할 때 가장 중요한 것은 명확한 목적을 설정하는 것이다.
④ 자연의 순조로운 운행을 방해하는 인간의 개입은 예기치 못한 화를 초래할 것이다.
⑤ 잠재력을 발휘하도록 하려면 의도적 개입과 방관적 태도 모두를 경계해야 한다.

다음 글을 이해한 내용으로 적절하지 않은 것은?

여러 가지 센서 정보를 이용해 사람의 심리상태를 파악할 수 있는 기술을 '감정인식(Emotion Reading)'이라고 한다. 음성인식 기술에 이 기술을 더할 경우 인간과 기계, 기계와 기계 간의 자연스러운 대화가 가능해진다. 사람의 감정 상태를 기계가 진단하고 기초적인 진료 자료를 내놓을 수도 있다. 경찰 등 수사기관에서도 활용이 가능하다. 실제로 상상을 넘어서는 수준의 놀라운 감정인식 기술이 등장하고 있다. 러시아 모스크바에 본사를 두고 있는 벤처기업 '엔테크랩(NTechLab)'은 뛰어난 안면인식 센서를 활용해 사람의 감정 상태를 상세히 읽어낼 수 있는 기술을 개발했다. 그리고 이 기술을 모스크바시 경찰 당국에 공급할 계획이다.

현재 모스크바시 경찰은 엔테크랩과 이 기술을 수사현장에 어떻게 도입할지 효과적인 방법을 모색하고 있다. 도입이 완료될 경우 감정인식 기술을 수사 현장에 활용하는 세계 최초 사례가 된다. 이 기술을 활용하면 수백만 명이 모여 있는 사람들 가운데서 특정 인상착의가 있는 사람을 찾아낼 수 있다. 또한, 찾아낸 사람의 성별과 나이 등을 모니터한 뒤 그 사람이 화가 났는지, 스트레스를 받았는지 혹은 불안해하는지 등을 판별할 수 있다.

엔테크랩의 공동창업자인 알렉산드르 카바코프(Alexander Kabakov)는 "번화가에서 단 몇 초 만에 테러리스트나 범죄자, 살인자 등을 찾아낼 수 있는 기술"이라며 "경찰 등 수사기관에서 이 기술을 도입할 경우 새로운 차원의 수사가 가능하다."라고 말했다. 그러나 그는 이 기술이 러시아 경찰 어느 부서에 어떻게 활용될 것인지에 대해 밝히지 않았다. 카바코프는 "현재 CCTV 카메라에 접속하는 방안 등을 협의하고 있지만 아직까지 결정된 내용은 없다."라고 말했다.

이 기술이 처음 세상에 알려진 것은 2015년 미국 워싱턴 대학에서 열린 얼굴 인식 경연대회에서이다. 이 대회에서 엔테크랩의 안면인식 기술은 100만 장의 사진 속에 들어있는 특정인의 사진을 73.3%까지 식별해냈다. 이는 대회에 함께 참여한 구글의 안면인식 알고리즘을 훨씬 앞서는 기록이었다.

여기서 용기를 얻은 카바코프는 아르템 쿠크하렌코(Artem Kukharenko)와 함께 SNS상에서 연결된 사람이라면 누구든 추적할 수 있도록 만든 앱 '파인드페이스(FindFace)'를 만들었다.

① 엔테크랩의 감정인식 기술은 모스크바시 경찰이 범죄 용의자를 찾는 데 큰 기여를 하고 있다.
② 음성인식 기술과 감정인식 기술이 결합되면 기계가 사람의 감정을 진단할 수도 있다.
③ 감정인식 기술을 이용하면 군중 속에서 특정인을 쉽게 찾을 수 있다.
④ 엔테크랩의 안면인식 기술은 구글의 것보다 뛰어나다.
⑤ 카바코프는 쿠크하렌코와 함께 SNS상에서 연결된 사람을 추적할 수 있는 앱을 개발하였다.

07 다음 글의 주장에 대한 비판으로 가장 적절한 것은?

저작권은 저자의 권익을 보호함으로써 활발한 저작 활동을 촉진하여 인류의 문화 발전에 기여하기 위한 것이다. 그러나 이렇게 공적 이익을 추구하기 위한 저작권이 현실에서는 일반적으로 지나치게 사적 재산권을 행사하는 도구로 인식되고 있다. 저작물 이용자들의 권리를 보호하기 위해 마련한, 공익적 성격의 법조항도 법적 분쟁에서는 항상 사적 재산권의 논리에 밀려 왔다.

저작권 소유자 중심의 저작권 논리는 실제로 저작권이 담당해야 할 사회적 공유를 통한 문화 발전을 방해한다. 몇 해 전의 '애국가 저작권'에 대한 논란은 이러한 문제를 단적으로 보여준다. 저자 사후 50년 동안 적용되는 국내 저작권법에 따라, 애국가가 포함된 〈한국 환상곡〉의 저작권이 작곡가 안익태의 유족들에게 2015년까지 주어진다는 사실이 언론을 통해 알려진 것이다. 누구나 자유롭게 이용할 수 있는 국가마저 공공재가 아닌 개인 소유라는 사실에 많은 사람들이 놀랐다.

창작은 백지 상태에서 완전히 새로운 것을 만드는 것이 아니라 저작자와 인류가 쌓은 지식 간의 상호 작용을 통해 이루어진다. "내가 남들보다 조금 더 멀리 보고 있다면, 이는 내가 거인의 어깨 위에 올라서 있는 난쟁이기 때문"이라는 뉴턴의 겸손은 바로 이를 말한다. 이렇듯 창작자의 저작물은 인류의 지적 자원에서 영감을 얻은 결과이다. 그러한 저작물을 다시 인류에게 되돌려 주는 데 저작권의 의의가 있다. 이러한 생각은 이미 1960년대 프랑스 철학자들에 의해 형성되었다. 예컨대 기호학자인 바르트는 '저자의 죽음'을 거론하면서 저자가 만들어 내는 텍스트는 단지 인용의 조합일 뿐 어디에도 '오리지널'은 존재하지 않는다고 단언한다.

전자 복제 기술의 발전과 디지털 혁명은 정보나 자료의 공유가 지니는 의의를 잘 보여주고 있다. 인터넷과 같은 매체 환경의 변화는 원본을 무한히 복제하고 자유롭게 이용함으로써 누구나 창작의 주체로서 새로운 문화 창조에 기여할 수 있도록 돕는다. 인터넷 환경에서 이용자는 저작물을 자유롭게 교환할 뿐 아니라 수많은 사람들과 생각을 나눔으로써 새로운 창작물을 생산하고 있다. 이러한 상황은 저작권을 사적 재산권의 측면에서보다는 공익적 측면에서 바라볼 필요가 있음을 보여준다.

① 저작권의 사회적 공유에 대해 일관성 없는 주장을 하고 있다.
② 저작물이 개인의 지적·정신적 창조물임을 과소평가하고 있다.
③ 저작권의 사적 보호가 초래한 사회적 문제의 사례가 적절하지 않다.
④ 인터넷이 저작권의 사회적 공유에 미치는 영향을 드러내지 못하고 있다.
⑤ 객관적인 사실을 제시하지 않고 추측에 근거하여 논리를 전개하고 있다.

08 같은 회사에서 근무하는 A와 B의 보폭은 60cm로 같다. 퇴근 후 회사에서 출발하여 A는 동쪽으로 8걸음/9초의 속력으로, B는 북쪽으로 6걸음/9초의 속력으로 21분 동안 직진하였다. 두 사람이 업무를 위해 이전과 같은 속력으로 같은 시간 동안 최단 거리로 움직여 다시 만난다고 할 때, A는 얼마나 이동해야 하는가?

① 480m   ② 490m

③ 500m   ④ 510m

⑤ 520m

09 A, B 두 팀이 축구 경기를 했는데 동점으로 끝나 승부차기를 하고 있다. 한 팀이 성공하고, 다른 팀이 실패하면 경기가 바로 끝나는 상황일 때, 양 팀이 한 번씩 승부차기를 한 후에도 경기가 끝나지 않을 확률은 얼마인가?(단, A팀과 B팀의 승부차기 성공률은 각각 70%, 40%이다)

① 0.11   ② 0.18

③ 0.28   ④ 0.36

⑤ 0.46

10 어떤 가게에서 사과 10개가 든 한 상자를 9,500원에 판매하고 있다. 이 가게에서 사과를 낱개로 구매하려면 개당 1,000원을 지불해야 한다. 50,000원으로 이 가게에서 살 수 있는 사과의 최대 개수는?

① 48개   ② 50개

③ 52개   ④ 54개

⑤ 56개

11 다음을 바탕으로 팀장의 나이를 바르게 추론한 것은?

> • 팀장은 과장보다 4살이 많다.
> • 대리의 나이는 31세이다.
> • 사원은 대리보다 6살이 어리다.
> • 과장과 팀장의 나이 합은 사원과 대리의 나이 합의 2배이다.

① 56세   ② 57세

③ 58세   ④ 59세

⑤ 60세

12 다음은 사내전화 평균 통화시간을 조사한 자료이다. 평균 통화시간이 6 ~ 9분인 여자의 수는 12분 이상인 남자의 수의 몇 배인가?

평균 통화시간	남자	여자
3분 이하	33%	26%
3 ~ 6분	25%	21%
6 ~ 9분	18%	18%
9 ~ 12분	14%	16%
12분 이상	10%	19%
대상 인원수	600명	400명

① 1.1배
② 1.2배
③ 1.3배
④ 1.4배
⑤ 1.5배

13 다음은 인터넷 공유활동 참여 현황을 정리한 자료이다. 이에 대해 바르지 않은 설명을 한 사람은 누구인가?

〈인터넷 공유활동 참여율(복수응답)〉

(단위 : %)

구분		커뮤니티 이용	퍼나르기	블로그 운영	댓글달기	UCC게시
성별	남성	79.1	64.1	49.9	52.2	46.1
	여성	76.4	59.6	55.1	38.4	40.1
연령	10대	75.1	63.9	54.7	44.3	51.3
	20대	88.8	74.4	76.3	47.3	54.4
	30대	77.3	58.5	46.3	44.0	37.5
	40대	66.0	48.6	27.0	48.2	29.6

※ 성별, 연령별 조사인원은 동일하다.

① A사원 : 자료에 의하면 20대가 다른 연령대에 비해 인터넷상에서 공유활동을 활발히 참여하고 있네요.
② B주임 : 대체로 남성이 여성에 비해 상대적으로 활발한 활동을 하고 있는 것 같아요. 그런데 블로그 운영 활동은 여성이 더 많네요.
③ C대리 : 남녀 간의 참여율 격차가 가장 큰 영역은 댓글달기이네요. 반면에 커뮤니티 이용은 남녀 간의 참여율 격차가 가장 적네요.
④ D사원 : 10대와 30대의 공유활동 참여율을 크기 순으로 나열하면 재미있게도 두 연령대의 활동 순위가 동일하네요.
⑤ E사원 : 40대는 대부분의 공유활동에서 모든 연령대의 참여율보다 낮지만, 댓글달기에서는 가장 높은 참여율을 보이고 있네요.

14 다음은 한국, 미국, 일본, 프랑스가 화장품산업 경쟁력 4대 분야에서 획득한 점수에 대한 자료이다. 이에 대한 설명으로 가장 적절한 것은?

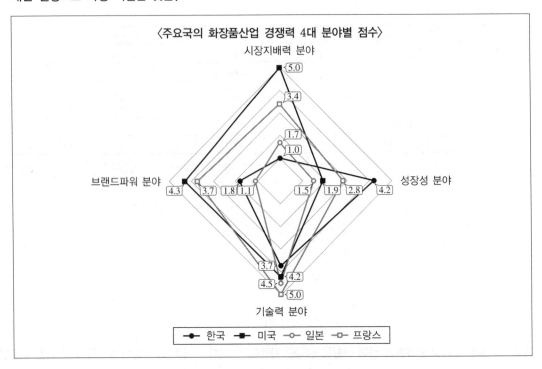

① 기술력 분야에서는 한국의 점수가 가장 높다.

② 성장성 분야에서 점수가 가장 높은 국가는 시장지배력 분야에서도 점수가 가장 높다.

③ 브랜드파워 분야에서 각국 점수 중 최댓값과 최솟값의 차이는 3 이하이다.

④ 미국이 4대 분야에서 획득한 점수의 합은 프랑스가 4대 분야에서 획득한 점수의 합보다 높다.

⑤ 시장지배력 분야의 점수는 일본이 프랑스보다 높지만 미국보다는 낮다.

15 다음은 업무 수행 과정에서 발생하는 문제의 유형 3가지를 소개한 자료이다. 문제의 유형에 대하여 〈보기〉의 사례가 바르게 나열된 것은?

〈문제의 유형〉	
발생형 문제	현재 직면한 문제로, 어떤 기준에 대하여 일탈 또는 미달함으로써 발생하는 문제이다.
탐색형 문제	탐색하지 않으면 나타나지 않는 문제로, 현재 상황을 개선하거나 효율을 더 높이기 위해 발생하는 문제이다.
설정형 문제	미래지향적인 새로운 과제 또는 목표를 설정하면서 발생하는 문제이다.

〈보기〉
(가) A회사는 초콜릿 과자에서 애벌레로 보이는 곤충 사체가 발견되어 과자 제조과정에 대해 고민하고 있다.
(나) B회사는 점차 다가오는 초고령사회에 대비하여 노인들을 위한 애플리케이션을 개발하기로 했다.
(다) C회사는 현재의 충전지보다 더 많은 전압을 회복시킬 수 있는 충전지를 연구하고 있다.
(라) D회사는 발전하고 있는 드론시대를 위해 드론센터를 건립하기로 결정했다.
(마) E회사는 업무 효율을 높이기 위해 근로시간을 단축하기로 결정했다.
(바) F회사는 올해 개발한 침대에 방사능이 검출되어 안전기준에 부적합 판정을 받았다.

	발생형 문제	탐색형 문제	설정형 문제
①	(가), (바)	(다), (마)	(나), (라)
②	(가), (마)	(나), (라)	(다), (바)
③	(가), (나)	(다), (바)	(라), (마)
④	(가), (나)	(마), (바)	(다), (라)
⑤	(가), (바)	(나), (다)	(라), (마)

16 윗마을에 사는 남자는 참말만 하고 여자는 거짓말만 한다. 반대로 아랫마을에 사는 남자는 거짓말만 하고 여자는 참말만 한다. 윗마을 사람 두 명과 아랫마을 사람 두 명이 다음과 같이 대화하고 있을 때, 반드시 참인 것은?

갑 : 나는 아랫마을에 살아.
을 : 나는 아랫마을에 살아. 갑은 남자야.
병 : 을은 아랫마을에 살아. 을은 남자야.
정 : 을은 윗마을에 살아. 병은 윗마을에 살아.

① 갑은 윗마을에 산다.
② 갑과 을은 같은 마을에 산다.
③ 을과 병은 다른 마을에 산다.
④ 을, 병, 정 가운데 둘은 아랫마을에 산다.
⑤ 이 대화에 참여하고 있는 이들은 모두 여자이다.

17 S기업 직원들은 회의를 통해 가 ~ 라 4가지 사항 중 어떤 사항을 채택할지 고려하고 있다. 결정 과정에서 다음과 같은 〈조건〉이 모두 충족되어야 할 때, 항상 옳지 않은 것은?

―〈조건〉―

- 사항 가를 채택하려면, 사항 나와 다 중 적어도 하나를 채택하지 않아야 한다.
- 사항 다와 라를 동시에 채택하면, 사항 나를 채택하지 않아야 한다.
- 사항 가나 나를 채택하면, 사항 라도 채택해야 한다.

① 사항 나가 채택되지 않고 사항 다가 채택되면, 사항 가가 채택될 수 있다.
② 사항 가가 채택되면, 사항 다도 같이 채택될 수 있다.
③ 사항 가와 나가 모두 채택되지 않으면, 사항 라는 채택될 수 있다.
④ 사항 나가 채택되면, 사항 다도 같이 채택될 수 있다.
⑤ 사항 라가 채택되지 않으면, 사항 가와 나 모두 채택할 수 없다.

18 봉사 동아리에 속해 있는 다섯 학생이 주말을 포함한 일주일 동안 각자 하루를 골라 봉사를 하러 간다. 다음 중 항상 참이 아닌 것은?(단, 일주일의 시작은 월요일이고, 끝은 일요일이라고 가정한다)

(가) 다섯 학생 A ~ E는 일주일 동안 정해진 요일에 혼자서 봉사를 하러 간다.
(나) A는 B보다 앞서 봉사를 하러 간다.
(다) E는 C가 봉사를 다녀오고 이틀 후에 봉사를 하러 간다.
(라) B와 D는 평일에 봉사를 하러 간다.
(마) C는 목요일에 봉사를 하러 가지 않는다.
(바) A는 월요일, 화요일 중에 봉사를 하러 간다.

① B가 화요일에 봉사를 하러 간다면 토요일에 봉사를 하러 가는 사람은 없다.
② D가 금요일에 봉사를 하러 간다면 다섯 명은 모두 평일에 봉사를 하러 간다.
③ D가 A보다 빨리 봉사를 하러 간다면 B는 금요일에 봉사를 하러 가지 않는다.
④ E가 수요일에 봉사를 하러 간다면 토요일에 봉사를 하러 가는 사람이 있다.
⑤ C가 A보다 빨리 봉사를 하러 간다면 D는 목요일에 봉사를 하러 갈 수 있다.

19 다음 글에 대한 분석으로 적절한 것을 〈보기〉에서 모두 고르면?

> 식탁을 만드는 데 노동과 자본만 투입된다고 가정하자. 노동자 1명의 시간당 임금은 8,000원이고, 노동자는 1명이 투입되어 A기계 또는 B기계를 사용하여 식탁을 생산한다. A기계를 사용하면 10시간이 걸리고, B기계를 사용하면 7시간이 걸린다. 이때 식탁 1개의 시장가격은 100,000원이고, 식탁 1개를 생산하는 데 드는 임대료는 A기계의 경우 10,000원, B기계의 경우 20,000원이다.
> 만약 A, B기계 중 어떤 것을 사용해도 생산된 식탁의 품질은 같다고 한다면, 기업은 어떤 기계를 사용할 것인가?(단, 작업 환경·물류비 등 다른 조건은 고려하지 않는다)

〈보기〉

ㄱ. 기업은 B기계보다는 A기계를 선택할 것이다.
ㄴ. '어떻게 생산할 것인가?'와 관련된 경제 문제이다.
ㄷ. 합리적인 선택을 했다면, 식탁 1개당 24,000원의 이윤을 기대할 수 있다.
ㄹ. A기계를 선택하는 경우 식탁 1개를 만드는 데 드는 비용은 70,000원이다.

① ㄱ, ㄴ   ② ㄱ, ㄷ
③ ㄴ, ㄷ   ④ ㄴ, ㄹ
⑤ ㄷ, ㄹ

20 우주인 선발에 지원한 A ~ G 7명 중에서 2명이 선발되었다. 누가 선발되었는가에 대하여 5명이 다음 〈조건〉과 같이 진술하였다. 이 중 3명의 진술만 옳을 때, 반드시 선발된 사람은 누구인가?

〈조건〉

• A, B, G는 모두 탈락하였다.
• E, F, G는 모두 탈락하였다.
• C와 G 중에서 1명만 선발되었다.
• A, B, C, D 중에서 1명만 선발되었다.
• B, C, D 중에서 1명만 선발되었고, D, E, F 중에서 1명만 선발되었다.

① A   ② B
③ D   ④ E
⑤ G

21 옵트인 방식을 도입하자는 다음 주장에 대한 근거로 적절하지 않은 것은?

> 스팸 메일 규제와 관련한 논의는 스팸 메일 발송자의 표현의 자유와 수신자의 인격권 중 어느 것을 우위에 둘 것인가를 중심으로 전개되어 왔다. 스팸 메일의 규제 방식은 옵트인(Opt-in) 방식과 옵트아웃(Opt-out) 방식으로 구분된다. 전자는 광고성 메일을 금지하지는 않되 수신자의 동의를 받아야만 발송할 수 있게 하는 방식으로, 영국 등 EU 국가들에서 시행하고 있다. 그러나 이 방식은 수신 동의 과정에서 발송자와 수신자 양자에게 모두 비용이 발생하며, 시행 이후에도 스팸 메일이 줄지 않았다는 조사 결과도 나오고 있어 규제 효과가 크지 않을 수 있다.
>
> 반면, 옵트아웃 방식은 일단 스팸 메일을 발송할 수 있게 하되 수신자가 이를 거부하면 이후에는 메일을 재발송할 수 없도록 하는 방식으로, 미국에서 시행되고 있다. 그런데 이러한 방식은 스팸 메일과 일반적 광고 메일의 선별이 어렵고, 수신자가 수신 거부를 하는 데 따르는 불편과 비용을 초래하며 불법적으로 재발송되는 메일을 통제하기 힘들다. 또한, 육체적·정신적으로 취약한 청소년들이 스팸 메일에 무차별적으로 노출되어 피해를 입을 수 있다.

① 옵트아웃 방식을 사용한다면 수신자가 수신 거부를 하는 것이 더 불편해질 것이다.
② 옵트인 방식은 수신에 동의하는 데 따르는 수신자의 경제적 손실을 막을 수 있다.
③ 옵트아웃 방식을 사용한다면 재발송 방지가 효과적으로 이루어지지 않을 것이다.
④ 옵트인 방식은 수신자 인격권 보호에 효과적이다.
⑤ 날로 수법이 교묘해져가는 스팸 메일을 규제하기 위해서는 수신자 사전 동의를 받아야 하는 옵트인 방식을 채택하는 것이 효과적이다.

22 다음 글의 요지로 가장 적절한 것은?

> 신문이 진실을 보도해야 한다는 것은 새삼스러운 설명이 필요 없는 당연한 이야기이다. 정확한 보도를 하기 위해서는 문제를 전체적으로 보아야 하고, 역사적으로 새로운 가치의 편에서 보아야 하며, 무엇이 근거이고 무엇이 조건인가를 명확히 해야 한다. 그런데 이러한 준칙을 강조하는 것은 기자들의 기사 작성 기술이 미숙하기 때문이 아니라, 이해관계에 따라 특정 보도의 내용이 달라지기 때문이다. 자신들에게 유리하도록 기사가 보도되게 하려는 외부 세력이 있으므로 진실 보도는 일반적으로 수난의 길을 걷게 마련이다. 신문은 스스로 자신들의 임무가 '사실 보도'라고 말한다. 그 임무를 다하기 위해 신문은 자신들의 이해관계에 따라 진실을 왜곡하려는 권력과 이익 집단, 그 구속과 억압의 논리로부터 자유로워야 한다.

① 진실 보도를 위하여 구속과 억압의 논리로부터 자유로워야 한다.
② 자신들에게 유리하도록 기사가 보도되게 하는 외부 세력이 있다.
③ 신문의 임무는 '사실 보도'이지만, 진실 보도는 수난의 길을 걷는다.
④ 정확한 보도를 하기 위하여 전체적 시각을 가져야 한다.
⑤ 신문 보도에 있어 준칙을 강조하는 것은 기자들의 기사 작성 기술이 미숙하기 때문이다.

23 다음 글의 서술상 특징으로 가장 적절한 것은?

광고는 문화 현상이다. 이 점에 대해서 의심하는 사람은 거의 없다. 그럼에도 불구하고 많은 사람들이 광고를 단순히 경제적인 영역에서 활동하는 상품 판매 도구로만 인식하고 있다. 이와 같이 광고를 경제현상에 집착하여 논의하게 되면 필연적으로 극단적인 옹호론과 비판론으로 양분될 수밖에 없다. 예컨대, 옹호론에서 보면 마케팅적 설득이라는 긍정적 성격이 부각되는 반면, 비판론에서는 이데올로기적 조작이라는 부정적 성격이 두드러지는 이분법적 대립이 초래된다는 것이다.

물론 광고는 숙명적으로 상품 판촉수단으로서의 굴레를 벗어날 수 없다. 상품광고가 아닌 공익광고나 정치광고 등도 현상학적으로는 상품 판매를 위한 것이 아니라 할지라도, 본질적으로는 상품과 다를 바 없이 이념과 슬로건, 그리고 정치적 후보들을 판매하고 있다.

그런데 현대적 의미에서 상품 소비는 물리적 상품 교환에 그치는 것이 아니라 기호와 상징들로 구성된 의미 교환 행위로 파악된다. 따라서 상품은 경제적 차원에만 머무르는 것이 아니라 문화적 차원에서 논의될 필요가 있다. 현대사회에서 상품은 기본적으로 물질적 속성의 유용성과 문제적 속성의 상징성이 이중적으로 중첩되어 있다. 더구나 최근에는 상품의 질적인 차별이 없어짐으로써 상징적 속성이 더욱더 중요하게 되었다. 현대 광고에 나타난 상품의 모습은 초기 유용성을 중심으로 물질적 기능이 우상으로 숭배되는 모습에서, 근래 상품의 차이가 사람의 차이가 됨으로써 기호적 상징이 더 중요시되는 토테미즘 양상으로 변화되었다고 한다. 이와 같은 광고의 상품 '채색' 활동 때문에 현대사회의 지배적인 '복음'은 상품의 소유와 소비를 통한 욕구 충족에 있다는 비판을 받는다. 광고는 상품과 상품이 만들어 놓는 세계를 미화함으로써 개인의 삶과 물질적 소유를 보호하기 위한 상품 선택의 자유와 향락을 예찬한다.

이러한 맥락에서 오늘날 광고는 소비자와 상품 사이에서 일어나는 일종의 담론이라고 할 수 있다. 광고 읽기는 단순히 광고를 수용하거나 해독하는 행위에 그치지 않고 '광고에 대한 비판적인 안목을 갖고 비평을 시도하는 것'을 뜻한다고 할 수 있다.

① 대상을 새로운 시각으로 바라보고 이해할 수 있게 하였다.
② 대상의 의미를 통시적 관점으로 고찰하고 있다.
③ 대상의 문제점을 파악하고 나름의 해결책을 모색하고 있다.
④ 대상에 대한 견해 중 한쪽에 치우쳐 논리를 전개하고 있다.
⑤ 대상에 대한 상반된 시각을 예시를 통해 소개하고 있다.

24 K회사는 옥상 정원에 있는 가로 644cm, 세로 476cm인 직사각형 모양의 뜰 가장자리에 조명을 설치하려고 한다. 네 모퉁이에는 반드시 조명을 설치하고, 일정한 간격으로 조명을 추가 배열하려고 할 때, 필요한 조명의 최소 개수는?(단, 조명의 크기는 고려하지 않는다)

① 68개
② 72개
③ 76개
④ 80개
⑤ 84개

25 산을 올라갈 때는 a로, 내려올 때는 b로 갔다고 한다. 그런데 내려올 때는 올라갈 때보다 3km가 더 긴 등산로였고, 내려올 때와 올라갈 때는 같은 시간이 걸려 총 6시간이 걸렸다고 한다. 이때 내려올 때의 속력을 a에 대한 식으로 바르게 나타낸 것은?(단, 속력의 단위는 km/h이다)

① $(a+1)$
② $(a+2)$
③ $(a+3)$
④ $2a$
⑤ $3a$

26 다음은 2022년 우리나라의 LPCD(Liter Per Capita Day)에 대한 자료이다. 1인 1일 사용량에서 영업용 사용량이 차지하는 비중과 1인 1일 가정용 사용량의 하위 두 항목이 차지하는 비중을 순서대로 바르게 나열한 것은?(단, 소수점 셋째 자리에서 반올림한다)

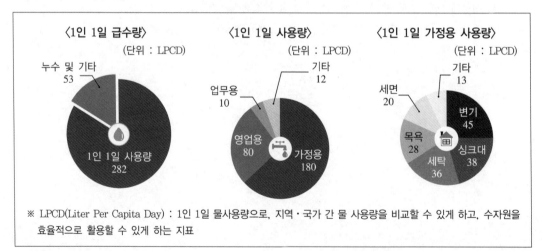

〈1인 1일 급수량〉 (단위 : LPCD)
누수 및 기타 53
1인 1일 사용량 282

〈1인 1일 사용량〉 (단위 : LPCD)
기타 12
업무용 10
영업용 80
가정용 180

〈1인 1일 가정용 사용량〉 (단위 : LPCD)
기타 13
세면 20
변기 45
목욕 28
싱크대 38
세탁 36

※ LPCD(Liter Per Capita Day) : 1인 1일 물사용량으로, 지역·국가 간 물 사용량을 비교할 수 있게 하고, 수자원을 효율적으로 활용할 수 있게 하는 지표

① 27.57%, 16.25%
② 27.57%, 19.24%
③ 28.37%, 18.33%
④ 28.37%, 19.24%
⑤ 30.56%, 20.78%

27 다음 SWOT 분석 결과를 바탕으로 섬유 산업이 발전할 수 있는 방안으로 적절한 것을 〈보기〉에서 모두 고르면?

강점(Strength)	약점(Weakness)
• 빠른 제품 개발 시스템	• 기능 인력 부족 심화 • 인건비 상승
기회(Opportunity)	위협(Threat)
• 한류의 영향으로 한국 제품 선호 • 국내 기업의 첨단 소재 개발 성공	• 외국산 저가 제품 공세 강화 • 선진국의 기술 보호주의

〈보기〉

ㄱ. 한류 배우를 모델로 하여 브랜드 홍보 전략을 추진한다.
ㄴ. 단순 노동 집약적인 소품종 대량 생산 체제를 갖춘다.
ㄷ. 소비자 기호를 빠르게 분석하여 제품 생산에 반영한다.
ㄹ. 선진국의 원천 기술을 이용한 기능성 섬유를 생산한다.

① ㄱ, ㄴ
② ㄱ, ㄷ
③ ㄴ, ㄷ
④ ㄴ, ㄹ
⑤ ㄷ, ㄹ

28 캐릭터는 소비자에게 유대감과 친밀감을 형성함으로써 상품의 호감도를 상승시켜 상품 구매에 직·간접적인 영향을 끼친다. 자사의 마스코트가 '소'인 K기금이 캐릭터를 활용한 상품 프로모션을 진행하고자 할 때, 홍보팀장의 요청에 따라 가장 적절한 의견을 제시하고 있는 사원은?

> 홍보팀장 : 우리 기금에 대해 고객들이 친밀감을 가질 수 있도록 인지도가 높으면서도 자사와 연관될 수 있는 캐릭터를 활용하여 홍보 방안을 세웠으면 좋겠어요.

① A사원 : 남녀노소 누구나 좋아하는 연예인을 캐릭터화하여 상품의 홍보 모델로 사용하는 것은 어떨까요?
② B사원 : 요즘 인기 있는 펭귄 캐릭터와 협업하여 우리 기금의 인지도를 높이는 방법은 어떨까요?
③ C사원 : 우리 기금의 마스코트인 소를 캐릭터로 활용하여 인형이나 디자인 소품으로 상품화하는 것은 어떨까요?
④ D사원 : 우리 기금의 마스코트인 소의 울음소리를 녹음하여 상담 전화 연결 시 활용하는 것은 어떨까요?
⑤ E사원 : 저금통을 상징하는 돼지 캐릭터와 우리 기금의 특징을 드러내는 소 캐릭터를 함께 사용하여 '～소'를 활용한 홍보문구를 작성해보는 건 어떨까요?

29 중학생 50명을 대상으로 한 해외여행에 대한 설문조사 결과가 다음 〈조건〉과 같을 때, 항상 참인 것은?

―――〈조건〉―――
- 미국을 여행한 사람이 가장 많다.
- 일본을 여행한 사람은 미국 또는 캐나다 여행을 했다.
- 중국과 캐나다를 모두 여행한 사람은 없다.
- 일본을 여행한 사람의 수가 캐나다를 여행한 사람의 수보다 많다.

① 일본을 여행한 사람의 수보다 중국을 여행한 사람의 수가 더 많다.
② 일본을 여행했지만 미국을 여행하지 않은 사람은 중국을 여행하지 않았다.
③ 미국을 여행한 사람의 수는 일본 또는 중국을 여행한 사람의 수보다 많다.
④ 중국을 여행한 사람은 일본을 여행하지 않았다.
⑤ 미국과 캐나다를 모두 여행한 사람은 없다.

30 A ~ F 6명이 동시에 가위바위보를 해서 아이스크림 내기를 했는데 결과가 다음 〈조건〉과 같았다. 내기에서 이긴 사람을 모두 고르면?(단, 비긴 경우는 없었다)

―――〈조건〉―――
- 6명이 낸 것이 모두 같거나, 가위·바위·보 3가지가 모두 포함되는 경우 비긴 것으로 한다.
- A는 가위를 내지 않았다.
- B는 바위를 내지 않았다.
- C는 A와 같은 것을 냈다.
- D는 E에게 졌다.
- F는 A에게 이겼다.
- B는 E에게 졌다.

① A, C ② E, F
③ B, D ④ A, B, C
⑤ B, D, F

※ 다음 글을 읽고 이어지는 질문에 답하시오. [31~32]

> 정보는 기업이나 어떤 조직을 운영하는 데 있어서 중요한 자원이다. 정보의 활용은 의사결정을 하거나 문제의 답을 알아내고자 할 때 가지고 있는 정보로는 부족하여 새로운 정보가 필요하다는 상황을 인식하는 순간부터 시작된다. 필요한 정보가 무엇인지 구체적으로 인식하게 되면 찾고자 하는 정보를 어디서 수집할 수 있을지를 탐색하게 될 것이다.
>
> 흔히 필요한 정보를 수집할 수 있는 원천을 정보원이라 부른다. 정보원은 정보를 수집하는 사람의 입장에서 볼 때 공개된 것은 물론이고 비공개된 것도 포함되며, 수집자의 주위에 있는 유형의 객체 가운데서 발생시키는 모든 것이라고 할 수 있다. 이러한 정보원은 크게 1차 자료와 2차 자료로 구분할 수 있다. 1차 자료는 원래의 연구 성과가 기록된 자료를 의미한다. 2차 자료는 1차 자료를 효과적으로 찾아보기 위한 자료 혹은 1차 자료에 포함되어 있는 정보를 압축·정리해서 읽기 쉬운 형태로 제공하는 자료를 의미한다.
>
> 정보분석이란 여러 정보를 상호관련지어 새로운 정보를 생성해내는 활동이다. 정보를 분석함으로써 한 개의 정보로는 불분명한 사항을 다른 정보로 명백히 할 수 있으며, 서로 상반되거나 큰 차이가 있는 정보의 글을 판단해서 새로운 해석을 할 수도 있다.
>
> 한 주제나 문제 상황에 대하여 필요한 정보를 찾아 활용하고 나면 다시 그 정보를 이용할 경우가 없는 경우도 있겠지만, 대부분 같은 정보를 다시 이용할 필요가 발생하게 된다. 특히, 직장인처럼 특정 업무 분야가 정해져 있다면 특정 주제 분야의 정보를 지속적으로 이용하게 될 것이다. 따라서 한번 이용했던 정보를 이용한 후에 버리는 것이 아니라 정보관리를 잘 하는 것은 정보활용의 중요한 과정에 속한다.

31 윗글에서 정보원은 크게 1차 자료와 2차 자료로 구분된다고 나와 있다. 〈보기〉 중 1차 자료를 모두 고르면?

〈보기〉

ㄱ 편람 ㄴ 단행본
ㄷ 학술지 ㄹ 학위논문
ㅁ 백과사전

① ㄱ, ㄴ, ㄷ ② ㄱ, ㄷ, ㅁ
③ ㄴ, ㄷ, ㄹ ④ ㄴ, ㄹ, ㅁ
⑤ ㄴ, ㄷ, ㅁ

32 윗글에서 밑줄 친 정보관리의 원칙에 해당되지 않는 것은?

① 목적성 ② 보안성
③ 용이성 ④ 유용성
⑤ 없음

33 다음 중 파일 삭제 시 파일이 [휴지통]에 임시 보관되어 복원이 가능한 경우는?

① 바탕 화면에 있는 파일을 [휴지통]으로 드래그 앤 드롭하여 삭제한 경우
② USB 메모리에 저장되어 있는 파일을 〈Delete〉 키로 삭제한 경우
③ 네트워크 드라이브의 파일을 바로 가기 메뉴의 [삭제]를 클릭하여 삭제한 경우
④ [휴지통]의 크기를 0%로 설정한 후 [내 문서] 폴더 안의 파일을 삭제한 경우
⑤ 〈Shift〉+〈Delete〉 키로 삭제한 경우

34 다음 시트에서 [A7] 셀에 수식 「=$A$1+$A2」를 입력한 후 [A7] 셀을 복사하여 [C8] 셀에 붙여넣기 했을 때, [C8] 셀에 표시되는 결과로 가장 적절한 것은?

▲	A	B	C
1	1	2	3
2	2	4	6
3	3	6	9
4	4	8	12
5	5	10	15
6			
7			
8			

① 3   ② 4
③ 7   ④ 10
⑤ 15

35 다음은 K주식회사의 공장별 9월 생산량 현황이다. 생산량과 금액을 기준으로 순위를 매길 때, 각 셀에 들어갈 함수와 결괏값으로 적절하지 않은 것은?(단, 생산량은 클수록, 금액은 낮을수록 순위가 높다)

	A	B	C	D	E	F
1	〈K주식회사 공장 9월 생산량 현황〉					
2	구분	생산량	단가	금액	순위	
3					생산량 기준	금액 기준
4	안양공장	123,000	10	1,230,000		
5	청주공장	90,000	15	1,350,000		
6	제주공장	50,000	15	750,000		
7	강원공장	110,000	11	1,210,000		
8	진주공장	99,000	12	1,188,000		
9	계	472,000		5,728,000		

① [F4] : =RANK(D4,D4:D8,1) → 4
② [E4] : =RANK(B4,B4:B8,0) → 1
③ [E6] : =RANK(B6,B4:B8,0) → 5
④ [F8] : =RANK(D8,D4:D8,0) → 2
⑤ [E8] : =RANK(B8,B4:B8,0) → 3

36 다음은 데이터베이스에 대한 설명이다. 빈칸 ㉠, ㉡에 들어갈 내용을 바르게 나열한 것은?

파일시스템에서 하나의 파일은 독립적이고 어떤 업무를 처리하는 데 필요한 모든 정보를 가지고 있다. 파일도 데이터의 집합이므로 데이터베이스라고 볼 수도 있으나, 일반적으로 데이터베이스라 함은 ___㉠___을 의미한다. 따라서 사용자는 여러 개의 파일에 있는 정보를 한 번에 검색해 볼 수 있다. 데이터베이스 관리시스템은 데이터와 파일, 그들의 관계 등을 생성하고 유지하고 검색할 수 있게 해주는 소프트웨어이다. 반면에 파일 관리시스템은 ___㉡___에 대해서 생성, 유지, 검색을 할 수 있는 소프트웨어이다.

	㉠	㉡
①	여러 개의 독립된 파일	한 번에 복수의 파일
②	여러 개의 독립된 파일	한 번에 한 개의 파일
③	여러 개의 연관된 파일	한 번에 복수의 파일
④	여러 개의 연관된 파일	한 번에 한 개의 파일
⑤	여러 개의 연관된 파일	여러 개의 독립된 파일

※ 다음 글을 읽고 이어지는 질문에 답하시오. [37~38]

〈사례 1〉

박부장 : 요즘에는 사용자들이 온라인 인맥 구축을 목적으로 커뮤니티형 웹사이트를 개설한다고 하네요.

김사원 : 자신의 생각이나 뉴스, 잡담 등을 실시간으로 올리고 있어요. 현재 대한민국은 스마트폰이 대중화되었고, 인터넷에 쉽게 접속할 수 있는 환경이 조성되면서 온라인을 통해 사진과 동영상 등 여러 가지를 공유하고 있어요.

〈사례 2〉

박부장 : 정말 세상이 좋아진 것 같네요. 스마트폰을 통해 인터넷에 쉽게 접속한다면 언제 어디서든 원하는 정보를 검색해서 찾을 수 있겠네요.

김사원 : 예, 부장님. 심지어 필요한 정보를 검색할 때, 제가 입력한 검색어들을 연계된 다른 검색엔진에 보내고, 이를 통해 얻어진 검색 결과를 사용자에게 보여주기도 해요.

박부장 : 그렇군요. 내가 몰랐던 내용을 더 알 수 있어서 좋군요.

37 다음 중 사례 1에서 박부장과 김사원의 대화를 통해 유추할 수 있는 인터넷 서비스는 무엇인가?

① 웹하드
② 클라우드 컴퓨팅
③ SNS
④ 메신저
⑤ 전자상거래

38 다음 중 사례 2에서 박부장과 김사원의 대화를 통해 유추할 수 있는 검색엔진 유형은 무엇인가?

① 키워드 검색방식
② 주제별 검색방식
③ 자연어 검색방식
④ 통합형 검색방식
⑤ 메뉴 검색방식

39 다음 그림에서 A를 실행하였을 때 얻을 수 있는 효과로 가장 적절한 것은?

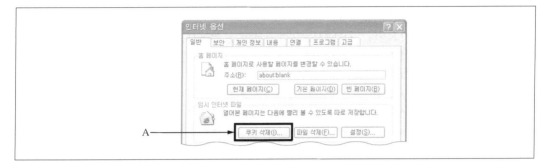

① 개인 정보의 침해 소지를 낮추어 준다.
② 스크립트 오류에 대한 사항을 알려 준다.
③ 온라인 광고업체의 악성코드를 정리해 준다.
④ 웹 페이지에서 이미지 크기를 자동으로 조절해 준다.
⑤ 인터넷 즐겨찾기 목록을 삭제해 준다.

40 고객들의 주민등록번호 앞자리를 정리해 생년, 월, 일로 구분하고자 한다. 각 셀에 사용할 함수식으로 가장 적절한 것은?

	A	B	C	D	E
1	이름	주민등록번호 앞자리	생년	월	일
2	김천국	950215			
3	김지옥	920222			
4	박세상	940218			
5	박우주	630521			
6	강주변	880522			
7	홍시요	891021			
8	조자주	910310			

① [C2] ： =LEFT(B2,2) ② [D3] ： =LEFT(B3,4)
③ [E7] ： =RIGHT(B7,3) ④ [D8] ： =MID(B7,3,2)
⑤ [E4] ： =MID(B4,4,2)

한류를 통해 높은 매출을 올리고 있는 엔터테인먼트 K사는 소속 연예인을 내세워 화장품 시장에 뛰어들었다. 화장품 시장 진출이 논의되는 동안 K사의 이사회에서는 여러 근거자료를 들어 대표이사의 의사결정을 막으려 했다. 하지만 그간 모델매니지먼트, 패션브랜드 등 여러 신사업을 통해 사업 다각화에 성공한 대표이사를 막을 수는 없었다. 결국 대표이사는 화장품 사업 진출에 대해 독단적인 의사결정을 내렸고, 3년이 지난 시점에서 100억 원 이상의 누적적자를 떠안게 되었다. 적자가 계속되는 3년 사이에 화장품 사업을 위해 동남아에 진출한 해외법인까지 철수하는 상황에 이르렀다. 그 사이 대표이사의 화장품 사업에 대해 직언을 하던 이사회의 몇몇 이사들은 회사로부터 정리해고 되었다. 상황이 악화되었음에도 불구하고 자신의 의지를 굽히지 않는 대표이사는 이 법인을 살리기 위해 막대한 금액의 투자를 결정하게 되었다.

41 윗글은 '잘못된 의사결정에 빠지는 함정'을 기술한 자료이다. K사의 대표이사의 의사결정과 관련이 가장 높은 것은?

① 눈으로 보는 것만이 현실이다.
② 과거 자료나 추세만을 중시한다.
③ 늘 하던 대로 자신에게 편한 방식을 고수한다.
④ 결정한 것은 끝까지 성공시켜야 한다.
⑤ 나의 능력을 믿는다.

42 다음 중 K사의 대표이사가 조직을 위한 올바른 의사결정을 하기 위해 가져야 할 요소로 적절하지 않은 것은?

① 자신의 잘못된 결정을 가치 있는 실수로 포장해야 한다.
② 다양한 생각과 관점을 가진 자신과 다른 유형의 사람을 옆에 두어야 한다.
③ 현실을 냉철하게 직시해야 한다.
④ 현장에서 정보를 얻어야 한다.
⑤ 자신에게 솔직해야 한다.

43 다음은 경제뉴스를 본 사원들의 대화이다. 경제 상식에 대해 잘못 알고 있는 사람은 누구인가?

A사원 : 주식을 볼 때 미국은 나스닥, 일본은 자스닥, 한국은 코스닥을 운영하고 있던가?
B사원 : 응, 국가마다 기준이 다른데 MSCI 지수를 통해 상호 비교할 수 있어.
C사원 : 그렇지. 그리고 요즘 기축통화에 대해 들었어? 한국의 결제나 금융거래에서 기본이 되는 화폐인데
이제 그 가치가 더 상승한대.
D사원 : 그래? 고도의 경제성장률을 보이는 이머징마켓에 속한 국가들 때문에 그런가?

① A사원
② B사원
③ C사원
④ D사원
⑤ 없음

44 같은 말이나 행동도 나라에 따라서 다르게 받아들여질 수 있기에 직업인은 국제 매너를 갖춰야 한다. 다음
〈보기〉 중 국제 매너와 관련된 설명으로 적절한 것을 모두 고르면?

───────〈보기〉───────

㉠ 미국 바이어와 악수를 할 때는 눈이나 얼굴을 보면서 손끝만 살짝 잡거나 왼손으로 상대방의 왼손을 힘주
어서 잡았다가 놓아야 한다.
㉡ 이라크 사람들은 시간을 돈과 같이 생각해서 시간엄수를 중요하게 생각하므로 약속 시간에 늦지 않게 주
의해야 한다.
㉢ 러시아와 라틴아메리카 사람들은 친밀함의 표시로 포옹을 한다.
㉣ 명함은 받으면 구기거나 계속 만지지 않고 한번 보고 나서 탁자 위에 보이는 채로 대화를 하거나 명함집에
넣는다.
㉤ 수프는 바깥쪽에서 몸 쪽으로 숟가락을 사용한다.
㉥ 생선요리는 뒤집어 먹지 않는다.
㉦ 빵은 아무 때나 먹어도 관계없다.

① ㉠, ㉢, ㉣, ㉤
② ㉡, ㉢, ㉣, ㉥
③ ㉢, ㉣, ㉥
④ ㉣, ㉤, ㉥
⑤ ㉡, ㉣, ㉥

KOTRA 파리 무역관에서 바이어와의 대화를 통해 파악한 것에 따르면 프랑스 바이어는 프랑스의 복잡한 식사예절이나 와인 리스트 등은 일반 프랑스인에게도 생소한 사항이기에 외국인에게 그런 것을 기대하는 것은 전혀 아니라는 반응이 대부분이다. 프랑스 바이어가 기대하는 것은 전 세계에 통용될 수 있는 상식적인 수준에서의 상대방에 대한 이해와 배려이다. 한국과 프랑스는 전혀 다른 문화적 배경을 가지고 있고 각 나라 국민의 생활 패턴과 행동 방식은 엄연히 다른 바, 프랑스인의 방식을 조금이라도 이해하고 존중해주는 태도를 보여주었으면 한다고 이야기한다.

프랑스의 비즈니스 기본 매너에 대해 알아보자. 프랑스에서는 악수를 할 때 손에 힘을 많이 주지 않으며 상대방의 손을 가볍게 잡고 한두 번만 빠르게 흔들며 인사한다. 프랑스에서는 약속을 중시하기 때문에 ㉠ 1개월 ~ 2주 전에 서면으로 약속을 정해야 한다. 프랑스 역시 유럽의 다른 국가들처럼 탄력근무제를 실시하고 있기 때문에 회의시간을 ㉡ 3시 이전으로 잡는 것이 좋다. 프랑스에서는 격식을 중요하게 생각한다. 그렇기 때문에 정장차림을 갖추어야 한다. 또한, 사람을 초대하여 대접하는 문화가 발달되어 있어 대접하는 경우가 빈번하다. 식사에 초대되었을 때에는 약속시간보다 이르지 않게 도착하도록 ㉢ 10분 정도 늦는 것이 좋다. 대접하는 문화가 발달되어 있는 만큼 테이블에서의 매너도 엄격한 편이다. 식사시간에 침묵하는 것은 예의가 아니며 대화를 하면서 와인과 식사를 즐기기 때문에 ㉣ 식사시간이 짧은 것이 특징이다. ㉤ 프랑스 식사문화는 격식을 차리는 것으로 유명하다. 식사 중 양손은 무릎이 아닌 테이블 위에 올려놓아야 한다. 와인의 경우 잔을 비울 때마다 종업원이 따라주기 때문에 더 원하지 않으면 소량이라도 남겨놓는 것이 필요하다. 또한, 비즈니스 대화는 디저트가 제공된 후에 하는 것이 좋으며 주로 호스트가 먼저 이야기를 꺼내도록 하는 것이 바람직하다. 프랑스인들은 공과 사를 구분하는 것을 중요하게 생각하며 빠른 결정을 내리도록 강요받는 것을 원치 않으므로 위협적이거나 집요한 판매 기술은 통용되지 않는다. 마지막으로 다양한 질문을 하고 대화 중 상대방의 말을 끊고 개입을 하는 것이 프랑스식 문화이다. 다른 문화권은 말을 끊는 것이 적절하지 않을 수도 있지만, 프랑스에서는 이를 상대방에 대한 흥미의 표현이라 여긴다.

제품을 수출하고 현지시장에 진출하는 것은 여러 가지 경제 논리와 시장성 등이 복합적으로 적용되는 문제이지만, 결국 이 모든 것은 사람과 사람 사이에 오가는 커뮤니케이션을 통해 이루어지는 것임을 잊지 않고 상대방과 상대방의 문화를 존중하는 태도를 갖추어야 세계적 수준의 경제 강국의 위상에 맞는 글로벌 수준의 비즈니스 매너를 갖출 수 있을 것으로 판단된다.

45 윗글을 읽고 유추할 수 있는 매너에 어긋난 사례로 볼 수 없는 것은?

① 면담 시 급한 마음에 자리에 앉자마자 상대방과 인사를 나누지도 않고 자기 회사 제품이나 카탈로그 등을 서둘러 꺼내놓는 경우

② 면담에 참석하면서 셔츠와 자켓을 입고 구두를 신는 정도로 기관을 방문하는 경우

③ 대부분 통역을 고용해 의사소통을 하는데 상대방이 하는 말이 외국어로 잘 못 알아듣는 말이라고 하여 전혀 주의를 기울이지 않고 스마트폰을 만지작거리는 경우

④ 식사시간이 길어질수록 상대방의 시간을 뺏는 결례를 범한다고 생각해 초조해하고 어쩔 줄 몰라 하는 경우

⑤ 약속시간을 어기지 않기 위해 식사에 초대되었을 때에는 약속시간보다 조금 이르게 도착하는 경우

46 윗글의 ㉠~㉤ 중 적절하지 않은 내용은?

① ㉠
② ㉡
③ ㉢
④ ㉣
⑤ ㉤

47 윗글을 바르게 이해하지 못한 사람은 누구인가?

① A : 악수를 할 때 손에 힘을 많이 주지 않는 것이 좋겠어.
② B : 프랑스 바이어들을 상대할 때에는 인내심을 가져야겠어.
③ C : 시간 변경이나 취소는 어쩔 수 없이 발생하는 것이니 이해해줄 거야.
④ D : 이야기하고 싶은 것이 있을 때는 주저하지 말고 적극적으로 나서야겠어.
⑤ E : 식사에 초대되었을 때에는 충분히 준비할 시간을 가지라고 약속시간보다 10분 정도 늦는 것이 좋겠네.

48 총무부에서 근무하던 B는 승진하면서 다른 부서로 발령이 났다. 기존에 같이 근무하던 D에게 사무인수인계를 해야 하는 상황에서 B와 D가 수행해야 할 사무인수인계 요령으로 적절하지 않은 것은?

① 기밀에 속하는 사항일수록 문서에 의함을 원칙으로 한다.
② 사무인수인계서 1장을 작성하여 인계자와 인수자 및 입회자가 기명날인을 한 후 해당 부서에서 이를 보관한다.
③ 사무인수인계와 관련하여 편철된 부분과 오류의 수정이 있는 부분은 인수자와 인계자가 각각 기명날인을 한다.
④ 사무의 인수인계와 관련하여 인수자가 인계자에게 제증빙을 요구하였으나, 증빙이 미비 또는 분실 시에는 그 사실을 별지에 반드시 기재하도록 한다.
⑤ 사무인수인계서는 기명날인 후 해당 부서에서 이를 보관한다.

K사는 제한된 인력으로 업무수행의 효율을 높이기 위해 조직구조에 대한 혁신이 필요하다고 판단하여 조직 구조를 개편하기로 했다. 이번에 개편되는 조직구조의 형태는 특정 프로젝트를 수행하기 위한 것으로, 해당 분야에 전문성을 지닌 다른 팀의 직원들이 자신의 직무와 특정 프로젝트를 동시에 수행하도록 할 계획이다.

이러한 조직구조가 경영학계에 대두된 시점은 1969년 아폴로 11호의 달 착륙 때의 일이다. 당시 미국이 구소련보다 앞서 달 정복에 성공할 수 있었던 것과 관련하여, 수평적 커뮤니케이션이 가능한 이러한 구조의 힘이 컸다는 언론보도 이후 경영계에서 앞다퉈 이 시스템을 도입하기 시작한 것이다. 하지만 이를 도입했던 대부분의 기업들은 성과를 거두지 못하고 오히려 극심한 혼란과 부작용을 경험했다.

49 다음 중 K사가 변경하고자 하는 조직구조의 형태는?

① 기능 구조 　　　　　　　　　② 매트릭스 구조
③ 사업 구조 　　　　　　　　　④ 네트워크 구조
⑤ 프로젝트 구조

50 윗글과 관련하여 향후 K사가 계획한 조직구조에서 부작용을 줄이기 위해 고려해야 할 사항으로 보기 어려운 것은?

① 조직구조는 변화시키지만 기업문화와 인사제도, 성과평가 제도는 유지해야 한다.
② 조직구조의 최하단에 놓인 직원들의 적절한 업무량 배분을 감안해야 한다.
③ 조직구조 상단 기능별 리더들의 사고 혁신이 전제가 되어야 한다.
④ 조직구조의 전체적인 변화와 혁신을 일으키지 않으면 관료제가 중첩되는 위험에 빠질 수 있다.
⑤ 구성원을 하나로 묶을 수 있는 공동 목표를 명확히 설정하고 공유되도록 한다.

3권

제3회
신용보증기금&
기술보증기금

NCS 직업기초능력

〈문항 및 시험시간〉

구분	평가영역	문항 수	시험시간	모바일 OMR 답안채점/성적분석 서비스
신용보증기금	의사소통＋수리＋문제해결	20문항	25분	
기술보증기금	의사소통＋수리＋문제해결 ＋정보＋조직이해	50문항	60분	

제3회 모의고사

※ 1번부터 20번까지는 신용보증기금과 기술보증기금의 필기전형 공통영역으로 구성하였습니다.
  신용보증기금 응시생은 1번부터 20번까지, 기술보증기금 응시생은 1번부터 50번까지 학습하시기 바랍니다.

01 다음 중 일반적으로 문서를 작성해야 하는 상황으로 적절하지 않은 것은?

① 타 부서의 확인이나 요청이 필요할 경우
② 팀원 간 자유롭게 브레인스토밍을 통해 제시된 모든 의견을 정리할 경우
③ 동료나 상사의 업무상 과오를 공식화해야 하는 경우
④ 새로운 일이 생겼을 때 가장 적합한 사람을 사내에서 추천하고자 하는 경우
⑤ 곧 개최될 회사 창립기념일 행사와 관련된 정보를 제공해야 할 경우

02 다음 글에서 도킨스의 논리에 대해 글쓴이가 제기한 문제로 가장 적절한 것은?

> 도킨스는 인간의 모든 행동이 유전자의 자기 보존 본능에 따라 일어난다고 주장했다. 사실 도킨스는 플라톤에서 쇼펜하우어에 이르기까지 통용되던 철학적 생각을 유전자라는 과학적 발견을 이용하여 반복하고 있을 뿐이다. 이에 따르면 인간 개체는 유전자라는 진정한 주체의 매체에 지나지 않게 된다. 그런데 이 같은 도킨스의 논리에 근거하면 우리 인간은 이제 자신의 몸과 관련된 모든 행동에 대해 면죄부를 받게 된다. 모든 것이 이미 유전자가 가진 이기적 욕망에서 나왔다고 볼 수 있기 때문이다. 그래서 도킨스의 생각에는 살아가고 있는 구체적 생명체를 경시하게 되는 논리가 잠재되어 있다.

① 고대의 철학은 현대의 과학과 양립할 수 있는가?
② 유전자의 자기 보존 본능이 초래하게 되는 결과는 무엇인가?
③ 인간을 포함한 생명체는 진정한 주체인가?
④ 생명 경시 풍조의 근원이 되는 사상은 무엇인가?
⑤ 인간은 자신의 행동에 책임을 질 필요가 있는가?

03 다음은 기술 보급 실패의 사례 중 하나인 플레이 펌프에 대한 글이다. 이에 대한 교훈으로 가장 적절한 것은?

> 플레이 펌프는 아이들의 회전놀이 기구이자 물을 끌어올리는 펌프이다. 아이들이 플레이 펌프를 돌리면서 놀기만 하면 그것이 동력이 되어 지하수를 끌어올려 탱크에 물을 저장하는 것이다. 이 간단한 아이디어 사업에 미국의 정치가와 기부자들이 동참했고, 수천만 불의 기부금을 모아 남아프리카와 모잠비크에 1,500대가 넘는 플레이 펌프를 공급했다. 아이들은 플레이 펌프를 보며 좋아했고, 이 사업은 성공적으로 보였다. 하지만 결론적으로 이 사업은 실패했고, 아무도 플레이 펌프에 대해 더 이상 이야기하려 하지 않는다. 그 원인을 살펴보자면 우선 어린이 한 명당 겨우 2리터의 물을 끌어올려 기존의 펌프보다 훨씬 효율이 좋지 않았다. 또한, 물을 끌어올리기가 쉽지 않아 플레이 펌프는 아이들에게 더 이상 놀이가 아닌 일이 되어버린 것이다.
> 이러한 플레이 펌프는 기술 보급 실패의 사례로 볼 수 있다. 저개발국가의 빈곤 문제에 경제적인 지원만으로 접근해서는 성공할 수 없음을 분명히 보여주고 있는 것이다. 적정기술의 정의에 따르면, 기술은 현지인의 문화와 사회에 적합해야 한다. 또 현지인들이 참여하는 방식이 되어야 한다. 기술의 현지 적용 가능성에 대한 테스트도 없이 무리하게 보급된 플레이 펌프는 결국 대부분 폐기처리되었다. 현지인들은 말한다. "언제 우리가 이런 것을 갖다 달라고 했나."라고. 이 사례는 적정기술의 개발과 보급에 신중해야 함을 시사한다.

① 실패는 전달되는 중에 항상 축소된다.
② 실패를 비난·추궁할수록 더 큰 실패를 낳는다.
③ 방치해놓은 실패는 성장한다.
④ 성공은 99%의 실패로부터 얻은 교훈과 1%의 영감으로 구성된다.
⑤ 좁게 보면 성공인 것이 넓게 보면 실패일 수 있다.

04 다음 문단을 논리적 순서대로 바르게 나열한 것은?

> (가) 고창 갯벌은 서해안에 발달한 갯벌로서 다양한 해양 생물의 산란·서식지이며, 어업인들의 삶의 터전으로 많은 혜택을 주었다. 그러나 최근 축제식 양식과 육상에서부터 오염원 유입 등으로 인한 환경 변화로 체계적인 이용·관리 방안이 지속적으로 요구됐다.
> (나) 정부는 전라북도 고창 갯벌의 약 11.8km²를 '습지보전법'에 의한 '습지보호지역'으로 지정하며 고시한다고 밝혔다. 우리나라에서 일곱 번째로 지정되는 고창 갯벌은 칠면초·나문재와 같은 다양한 식물이 자생하고, 천연기념물인 황조롱이와 멸종 위기종을 포함한 46종의 바닷새가 서식하는, 생물 다양성이 풍부하며 보호 가치가 큰 지역으로 나타났다.
> (다) 정부는 이번 습지보호지역으로 지정된 고창 갯벌을 람사르 습지로 등록할 계획이며, 제2차 연안습지 기초 조사를 실시하여 보전 가치가 높은 갯벌뿐 아니라 훼손된 갯벌에 대한 관리도 강화해 나갈 계획이다.
> (라) 습지보호지역으로 지정되면 이 지역에서 공유수면 매립, 골재 채취 등의 갯벌 훼손 행위는 금지되나, 지역 주민이 해오던 어업 활동이나 갯벌 이용 행위에는 특별한 제한이 없다.

① (가) – (나) – (다) – (라)   ② (가) – (라) – (나) – (다)
③ (나) – (가) – (라) – (다)   ④ (다) – (가) – (나) – (라)
⑤ (라) – (나) – (가) – (다)

05 다음 글의 핵심 내용으로 가장 적절한 것은?

현대 사회는 대중 매체의 영향을 많이 받는 사회이며, 그중에서도 텔레비전의 영향은 거의 절대적이다. 언어 또한 텔레비전의 영향을 많이 받는다. 그런데 텔레비전의 언어는 우리의 언어 습관을 부정적인 방향으로 흐르게 하고 있다.

텔레비전은 시청자들의 깊이 있는 사고보다는 감각적 자극에 호소하는 전달 방식을 사용하고 있다. 또 현대 자본주의 사회에서의 텔레비전 방송은 상업주의에 편승하여 대중을 붙잡기 위한 방편으로 쾌락과 흥미 위주의 언어를 무분별하게 사용한다. 결국 텔레비전은 대중의 이성적 사고 과정을 마비시켜 오염된 언어 습관을 무비판적으로 수용하게 한다. 그렇기 때문에 언어 사용을 통해 발전시킬 수 있는 상상적 사고를 기대하기 어렵게 하며, 창조적인 언어 습관보다는 단편적인 언어 습관을 갖게 만든다.

따라서 좋은 말 습관의 형성을 위해서는 또 다른 문화 매체가 필요하다. 이러한 문제의 대안으로 문학 작품의 독서를 제시하려고 한다. 문학은 작가적 현실을 언어를 매개로 형상화한 예술이다. 작가적 현실이 작품으로 형상화되기 위해서는 작가의 복잡한 사고 과정을 거치게 되듯이, 작품을 바르게 이해·해석·평가하기 위해서는 독자의 상상적 사고를 거치게 된다. 또한, 문학은 아름다움을 지향하는 언어 예술로서 정제된 언어를 사용하므로 문학 작품의 감상을 통해 습득된 언어 습관은 아름답고 건전하리라 믿는다.

① 쾌락과 흥미 위주의 언어 습관을 지양하고 사고 능력을 기를 수 있는 언어 습관을 길러야 한다.
② 사고 능력을 기르고 건전한 언어 습관을 길들이기 위해서 문학 작품의 독서가 필요하다.
③ 바른 언어 습관의 형성과 건전하고 창의적인 사고를 위해 텔레비전을 멀리 해야 한다.
④ 언어는 자신의 사상을 표현하는 매체일 뿐만 아니라 그것을 사용하는 사람의 인격을 가늠하는 척도이므로 바른 언어 습관이 중요하다.
⑤ 대중 매체가 개인의 언어 습관과 사고 과정에 미치는 영향이 절대적이므로 대중 매체에서 문학작품을 다뤄야 한다.

06 다음 제시된 단락을 읽고, 이어질 내용을 순서대로 바르게 나열한 것은?

> 낙수 이론(Trickle Down Theory)은 낙수 효과(Trickle Down Effect)에 의해서 경제 상황이 개선될 수 있다는 것을 골자로 하는 이론이다. 이 이론은 경제적 상위계층의 생산 혹은 소비 등의 전반적 경제활동에 따라 경제적 하위계층에게도 그 혜택이 돌아간다는 모델에 기반을 두고 있다.

> (가) 한국에서 이 낙수 이론에 의한 경제구조의 변화를 실증적으로 나타내는 것이 바로 70년대 경제 발전기의 경제 발전 방식과 그 결과물이다. 한국은 대기업 중심의 경제 발전을 통해서 경제의 규모를 키웠고, 이는 기대 수명 증가 등 긍정적 결과로 나타났다.
> (나) 그러나 낙수 이론에 기댄 경제정책이 실증인 효과를 낸 전력이 있음에도 불구하고, 낙수 이론에 의한 경제발전모델이 과연 전체의 효용을 바람직하게 증가시켰는지에 대해서는 비판들이 있다.
> (다) 사회적 측면에서는 계층 간 위화감 조성이라는 문제점 또한 제기된다. 결국 상류층이 돈을 푸는 것으로 인하여 하류층의 경제적 상황에 도움이 되는 것이므로, 상류층과 하류층의 소비력의 차이가 여실히 드러나고, 이는 사회적으로 위화감을 조성시킨다는 것이다.
> (라) 제일 많이 제기되는 비판은 경제적 상류계층이 경제활동을 할 때까지 기다려야 한다는 낙수 효과의 본질적인 문제점에서 연유한다. 결국 낙수 효과는 상류계층의 경제활동에 의해 이루어지는 것이므로, 당사자가 움직이지 않는다면 발생하지 않기 때문이다.

① (가) – (라) – (나) – (다)
② (가) – (다) – (라) – (나)
③ (다) – (가) – (라) – (나)
④ (가) – (나) – (라) – (다)
⑤ (가) – (나) – (다) – (라)

07 다음 글에서 ⊙ ~ ⑩의 수정 방안으로 가장 적절한 것은?

소아시아 지역에 위치한 비잔틴 제국의 수도 콘스탄티노플이 이슬람교를 신봉하는 오스만인들에 의해 함락되었다는 소식이 인접해 있는 유럽 지역에까지 전해졌다. 그 지역 교회의 한 수도원 서기는 이에 대해 "⊙ 지금까지 이보다 더 끔찍했던 사건은 없었으며, 앞으로도 결코 없을 것이다."라고 기록했다.

1453년 5월 29일 화요일, 해가 뜨자마자 오스만 제국의 군대는 난공불락으로 유명한 케르코포르타 성의 작은 문을 뚫고 진군하기 시작했다. 해가 질 무렵, 약탈당한 도시에 남아있는 모든 것은 그들의 차지가 되었다. 비잔틴 제국의 86번째 황제였던 콘스탄티노스 11세는 서쪽 성벽 아래에 있는 좁은 골목에서 전사하였다. 이것으로 ⓛ 1,100년 이상 존재했던 소아시아 지역의 기독교도 황제가 사라졌다. 잿빛 말을 타고 화요일 오후 늦게 콘스탄티노플에 입성한 술탄 메흐메드 2세는 우선 성소피아 대성당으로 갔다. 그는 이 성당을 파괴하는 대신 이슬람 사원으로 개조하라는 명령을 내렸고, 우선 그 성당을 철저하게 자신의 보호하에 두었다. 또한, 학식이 풍부한 그리스 정교회 수사에게 격식을 갖추어 공석중인 총대주교직을 수여하고자 했다. 그는 이슬람 세계를 위해 ⓒ 기독교의 제단뿐만 아니라 그 이상의 것들도 활용했다. 역대 비잔틴 황제들이 제정한 법을 그가 주도하고 있던 법제화의 모델로 이용하였던 것이다. 이러한 행위들은 ⓔ 단절을 추구하는 정복왕 메흐메드 2세의 의도에서 비롯된 것이라고 할 수 있다. 그는 자신이야말로 지중해를 '우리의 바다'라고 불렀던 로마 제국의 진정한 계승자임을 선언하고 싶었던 것이다. 일례로 그는 한때 유럽과 아시아를 포함한 지중해 전역을 지배했던 제국의 정통 상속자임을 선언하면서 의미심장하게도 자신의 직함에 '룸 카이세리', 즉 로마의 황제라는 칭호를 추가했다. 또한, 그는 패권 국가였던 로마의 옛 명성을 다시 찾기 위한 노력의 일환으로 로마 사람의 땅이라는 뜻을 지닌 루멜리아에 새로 수도를 정했다. 이렇게 함으로써 그는 ⑩ 오스만 제국이 유럽으로 확대될 것이라는 자신의 확신을 보여주었다.

① ⊙ : '지금까지 이보다 더 영광스러운 사건은 없었으며'로 고친다.
② ⓛ : '1,100년 이상 존재했던 소아시아 지역의 이슬람 황제가 사라졌다'로 고친다.
③ ⓒ : '기독교의 제단뿐만 아니라 그 이상의 것들도 파괴했다'로 고친다.
④ ⓔ : '연속성을 추구하는 정복왕 메흐메드 2세의 의도에서 비롯된 것'으로 고친다.
⑤ ⑩ : '오스만 제국이 아시아로 확대될 것이라는 자신의 확신을 보여주었다'로 고친다.

08 집에서 회사까지의 거리는 1.8km이다. O사원은 운동을 위해 회사까지 걷거나 자전거를 타고 출근하기로 했다. 전체 거리의 25%는 3km/h의 속력으로 걷고, 나머지 거리는 30km/h의 속력으로 자전거를 이용해서 회사에 도착했다. 출근하는 데 걸린 시간은?

① 10분 46초　　　　　　　　　　② 10분 52초

③ 11분 20초　　　　　　　　　　④ 11분 42초

⑤ 12분 10초

09 은탁이는 1, 1, 1, 2, 2, 3을 가지고 여섯 자릿수의 암호를 만들어야 한다. 이때 가능한 암호는 모두 몇 가지인가?

① 30가지　　　　　　　　　　　② 42가지

③ 60가지　　　　　　　　　　　④ 72가지

⑤ 84가지

10 원우는 자신을 포함한 8명의 친구와 부산에 놀러 가기 위해 일정한 금액을 걷었다. 원우가 경비를 계산해보니 총금액의 30%는 숙박비에 사용하고, 숙박비 사용 금액의 40%는 외식비로 사용했다. 남은 경비가 92,800원이라면, 각자 얼마씩 돈을 냈는가?

① 15,000원　　　　　　　　　　② 18,000원

③ 20,000원　　　　　　　　　　④ 22,000원

⑤ 24,000원

11 시계 광고에서 시계는 항상 10시 10분을 가리킨다. 그 이유는 이 시각이 회사 로고가 가장 잘 보이며 시계 바늘이 이루는 각도도 가장 안정적이기 때문이다. 시계가 10시 10분을 가리킬 때 시침과 분침이 이루는 작은 쪽의 각도는?

① 115°　　　　　　　　　　　　② 135°

③ 145°　　　　　　　　　　　　④ 155°

⑤ 175°

12 다음 10대 무역수지 흑자국에 대한 자료를 통해 알게 된 내용으로 적절하지 않은 것은?

〈10대 무역수지 흑자국〉

(단위 : 백만 달러)

순위	2020년		2021년		2022년	
	국가명	금액	국가명	금액	국가명	금액
1	중국	32,457	중국	45,264	중국	47,779
2	홍콩	18,174	홍콩	23,348	홍콩	28,659
3	마샬군도	9,632	미국	9,413	싱가포르	11,890
4	미국	8,610	싱가포르	7,395	미국	11,635
5	멕시코	6,161	멕시코	7,325	베트남	8,466
6	싱가포르	5,745	베트남	6,321	멕시코	7,413
7	라이베리아	4,884	인도	5,760	라이베리아	7,344
8	베트남	4,780	라이베리아	5,401	마샬군도	6,991
9	폴란드	3,913	마샬군도	4,686	브라질	5,484
10	인도	3,872	슬로바키아	4,325	인도	4,793

① 2020년부터 2022년까지 10대 무역수지 흑자국에 2번 이상 포함된 국가의 수는 9개국이다.

② 2022년 1위 흑자국의 액수는 10위 흑자국 액수의 10배 이상이다.

③ 싱가포르의 2020년 대비 2022년의 흑자액은 2배 이상이다.

④ 싱가포르를 제외하고 2020년 대비 2022년의 흑자 증가율이 가장 높은 나라는 베트남이다.

⑤ 2020년부터 2022년까지 매년 순위가 상승하는 나라는 2개국이다.

13 다음은 S공사의 연도별 재무자료이다. 이에 대한 설명으로 적절하지 않은 것은?

〈S공사 연도별 재무자료〉

(단위 : 억 원, %)

연도	자산	부채	자본	부채 비율
2013년	41,298	15,738	25,560	61.6
2014년	46,852	23,467	23,385	100.4
2015년	46,787	21,701	25,086	86.5
2016년	50,096	23,818	26,278	80.6
2017년	60,388	26,828	33,560	79.9
2018년	64,416	30,385	34,031	89.3
2019년	73,602	39,063	34,539	113.1
2020년	87,033	52,299	34,734	150.6
2021년	92,161	55,259	36,902	149.7
2022년	98,065	56,381	41,684	135.3

① S공사의 자본금은 2017년에 전년 대비 7,000억 원 이상 증가했는데, 이는 10년간 자본금 추이를 볼 때 두드러진 변화이다.

② 부채 비율이 전년 대비 가장 많이 증가한 해는 2014년이다.

③ 10년간 평균 부채 비율은 90% 미만이다.

④ 2022년의 자산과 자본은 10년 중 가장 많았지만, 그만큼 부채도 가장 많았다.

⑤ S공사의 자산과 부채는 2015년부터 8년간 꾸준히 증가했다.

14 다음은 동일한 상품군을 판매하는 백화점과 TV홈쇼핑의 상품군별 판매수수료율에 대한 자료이다. 〈보기〉 중 적절한 것을 모두 고르면?

〈백화점 판매수수료율 순위〉

(단위 : %)

판매수수료율 상위 5개			판매수수료율 하위 5개		
순위	상품군	판매수수료율	순위	상품군	판매수수료율
1	셔츠	33.9	1	디지털기기	11.0
2	레저용품	32.0	2	대형가전	14.4
3	잡화	31.8	3	소형가전	18.6
4	여성정장	31.7	4	문구	18.7
5	모피	31.1	5	신선식품	20.8

〈TV홈쇼핑 판매수수료율 순위〉

(단위 : %)

판매수수료율 상위 5개			판매수수료율 하위 5개		
순위	상품군	판매수수료율	순위	상품군	판매수수료율
1	셔츠	42.0	1	여행패키지	8.4
2	여성캐주얼	39.7	2	디지털기기	21.9
3	진	37.8	3	유아용품	28.1
4	남성정장	37.4	4	건강용품	28.2
5	화장품	36.8	5	보석	28.7

─────〈보기〉─────

㉠ 백화점과 TV홈쇼핑 모두 셔츠 상품군의 판매수수료율이 전체 상품군 중 가장 높았다.
㉡ 여성정장 상품군과 모피 상품군의 판매수수료율은 TV홈쇼핑이 백화점보다 더 낮았다.
㉢ 디지털기기 상품군의 판매수수료율은 TV홈쇼핑이 백화점보다 더 높았다.
㉣ 여행패키지 상품군의 판매수수료율은 백화점이 TV홈쇼핑의 2배 이상이었다.

① ㉠, ㉡
② ㉠, ㉢
③ ㉡, ㉣
④ ㉠, ㉢, ㉣
⑤ ㉡, ㉢, ㉣

15 SWOT 분석에 대한 다음 글을 읽고 추론한 내용으로 가장 적절한 것은?

> SWOT 분석에서 강점은 경쟁기업과 비교하여 소비자로부터 강점으로 인식되는 것이 무엇인지, 약점은 경쟁 기업과 비교하여 소비자로부터 약점으로 인식되는 것이 무엇인지, 기회는 외부환경에서 유리한 기회요인은 무엇인지, 위협은 외부환경에서 불리한 위협요인은 무엇인지를 찾아내는 것이다. SWOT 분석의 가장 큰 장점은 기업의 내부 및 외부 환경의 변화를 동시에 파악할 수 있다는 것이다.

① 제품의 우수한 품질은 SWOT 분석의 기회 요인으로 볼 수 있다.
② 초고령화 사회는 실버산업에 있어 기회 요인으로 볼 수 있다.
③ 기업의 비효율적인 업무 프로세스는 SWOT 분석의 위협 요인으로 볼 수 있다.
④ 살균제 달걀 논란은 빵집에게 있어 약점 요인으로 볼 수 있다.
⑤ 근육운동 열풍은 헬스장에게 있어 강점 요인으로 볼 수 있다.

16 한 야구팀이 재정난을 겪게 되면서 핵심선수인 민한, 대호, 성흔, 주찬을 각각 다른 팀으로 트레이드하려고 한다. C팀이 투수만 스카우트하게 될 경우, 다음 〈조건〉을 토대로 반드시 옳은 것은?

──────〈조건〉──────
(가) 이들을 원하는 팀은 A ~ D 4팀이 있다.
(나) 각 팀은 포수, 내야수, 외야수, 투수 중 중복 없이 하나만 얻을 수 있다.
(다) 각 팀은 1명만 스카우트 할 수 있다.
(라) 민한은 투수만 가능하다.
(마) 대호는 B팀만 가려고 한다.
(바) A팀은 외야수를 원한다.
(사) 성흔은 포수와 외야수만 가능하다.
(아) 주찬은 D팀을 가려고 하지 않는다.
(자) 외야수 포지션은 성흔과 주찬 중에 선택한다.

① 주찬은 포수로 스카우트될 것이다.
② A팀에서 스카우트할 선수는 성흔이다.
③ D팀은 선택할 포지션이 없어서 스카우트를 포기한다.
④ D팀이 성흔을 포수로 데려갈 것이다.
⑤ B팀은 대호를 외야수로 스카우트할 것이다.

※ 다음은 SWOT 분석에 대한 자료이다. 이어지는 질문에 답하시오. [17~19]

K공사의 신입사원인 윤사원은 다음 달 새로 출시되는 제품을 위해 SWOT 분석을 실시하여 보고하려 한다. 윤사원은 내부 환경분석과 외부 환경분석에 대해 먼저 조사를 실시하였다.
Man(사람), Material(물자), Money(돈), Information(정보), Time(시간), Image(이미지)의 체크리스트를 통해 내부환경을 분석하고 자신을 제외한 모든 것을 기술하는 것과 언론매체, 개인 정보망 등을 통해 입수한 상식적인 세상의 변화 내용을 시작으로, 당사자에게 미치는 영향을 순서대로 점차 구체화함으로써 외부환경을 분석하는 것을 알게 되었다. 또한, 인과관계가 있는 경우 화살표로 연결하며 동일한 데이터라도 자신에게 긍정적으로 전개되면 기회로, 부정적으로 전개되면 위협으로 파악한다는 내용도 추가적으로 알게 되었다.

17 다음 중 SO전략에 대한 설명으로 가장 적절한 것은?

① 내부강점과 외부기회를 극대화
② 외부위협을 최소화하기 위해 내부강점을 극대화
③ 외부기회를 이용하여 내부약점을 강점으로 전환
④ 내부약점과 외부위협을 최소화
⑤ 외부위협을 최소화하기 위해 내부약점을 최소화

18 윤사원은 작성한 내용을 바탕으로 팀원들에게 의견을 구했다. 다음 〈보기〉 중 SWOT 분석을 활용한 전략 수립 방안에 대해 잘못 설명한 사람은?

───────〈보기〉───────
김대리 : SO전략은 외부 환경의 기회를 활용하기 위해 강점을 사용하는 전략이야.
박사원 : 외부 환경의 위협을 회피하기 위해 약점을 사용하는 전략은 ST전략이야.
최사원 : 자신의 약점을 극복함으로써 외부 환경의 기회를 활용하는 전략은 WO전략이야.
안사원 : WT전략은 외부 환경의 위협을 회피하고 자신의 약점을 최소화하는 전략이야.
이사원 : ST전략은 외부환경의 위협을 회피하기 위해 내부의 강점을 사용하는 전략이야.

① 김대리　　　　　　　　　　　② 박사원
③ 최사원　　　　　　　　　　　④ 안사원
⑤ 이사원

19 다음 중 윤사원이 외부 환경을 분석한 방법으로 적절하지 않은 것은?

① 자신을 제외한 모든 정보를 기술하였다.

② 언론매체, 개인 정보망 등을 통해 입수한 상식적인 세상의 변화 내용을 시작으로, 당사자에게 미치는 영향을 순서대로 점차 구체화하였다.

③ 동일한 데이터라도 자신에게 긍정적으로 전개되면 기회로, 부정적으로 전개되면 위협으로 파악하였다.

④ MMMITI 체크리스트를 활용하였다.

⑤ 인과관계가 있는 경우 화살표로 연결하였다.

20 절도범죄에 가담한 A~G 7명이 연행되었는데, 이들 중 주동자가 2명 있다. 누가 주동자인지에 대해서 증인 5명이 다음과 같이 진술하였다. 이를 고려해 볼 때, 주동자 중 1명은 누구인가?

- 증인 1 : A, B, G는 모두 아니다.
- 증인 2 : E, F, G는 모두 아니다.
- 증인 3 : C와 G 중에서 최소 1명은 주동자이다.
- 증인 4 : A, B, C, D 중에서 최소 1명은 주동자이다.
- 증인 5 : B, C, D 중에서 최소 1명이 주동자이고, D, E, F 중에서 최소 1명이 주동자이다.

① A

② B

③ C

④ F

⑤ G

21 다음 글의 빈칸에 들어갈 내용으로 가장 적절한 것은?

> 경기적 실업이란 경기 침체의 영향으로 기업 활동이 위축되고 이로 인해 노동에 대한 수요가 감소하여 고용량이 줄어들어 발생하는 실업이다. 다시 말해 경기적 실업은 노동 시장에서 노동의 수요와 공급이 균형을 이루고 있는 상태라고 가정할 때, 경기가 침체되어 물가가 하락하게 되면 _____
> 경기적 실업은 다른 종류의 실업에 비해 생산량 측면에서 경제적으로 큰 손실을 발생시킬 수 있기에 경제학자들은 이를 해결하기 위한 정부의 역할에 대해 다양한 의견을 제시한다.

① 기업은 생산량을 줄이게 되고, 이로 인해 노동에 대한 공급이 감소하여 발생한다.
② 기업은 생산량을 늘리게 되고, 이로 인해 노동에 대한 수요가 증가하여 발생한다.
③ 기업은 생산량을 늘리게 되고, 이로 인해 노동에 대한 공급이 감소하여 발생한다.
④ 기업은 생산량을 줄이게 되고, 이로 인해 노동에 대한 수요가 감소하여 발생한다.
⑤ 기업은 생산량을 줄이게 되고, 이로 인해 노동에 대한 수요가 증가하여 발생한다.

22 다음 문단을 논리적 순서대로 바르게 나열한 것은?

> (가) 하지만 지금은 고령화 시대를 맞아 만성질환이 다수이다. 꾸준히 관리받아야 건강을 유지할 수 있다. 치료보다 치유가 대세이다. 이 때문에 미래 의료는 간호사 시대라고 말한다. 그럼에도 간호사에 대한 활용은 시대 흐름과 동떨어져 있다.
> (나) 인간의 질병 구조가 변하면 의료 서비스의 비중도 바뀐다. 과거에는 급성질환이 많았다. 맹장염(충수염)이나 구멍 난 위궤양 등 수술로 해결해야 할 상황이 잦았다. 따라서 질병 관리 대부분을 의사의 전문성에 의존해야만 했다.
> (다) 현재 2년 석사과정을 거친 전문 간호사가 대거 양성되고 있다. 하지만 이들의 활동은 건강보험 의료수가에 반영되지 않고, 때문에 병원이 전문 간호사를 적극적으로 채용하려 하지 않는다. 의사의 손길이 미치지 못하는 곳은 전문성을 띤 간호사가 그 역할을 대신해야 함에도 말이다.
> (라) 고령 장수 사회로 갈수록 간호사의 역할은 커진다. 병원뿐 아니라 다양한 공간에서 환자를 돌보고 건강 관리가 이뤄지는 의료 서비스가 중요해졌다. 간호사 인력 구성과 수요는 빠르게 바뀌어 가는데 의료 환경과 제도는 한참 뒤처져 있어 안타깝다.

① (나) – (가) – (다) – (라) ② (나) – (라) – (가) – (다)
③ (다) – (라) – (가) – (나) ④ (가) – (다) – (라) – (나)
⑤ (가) – (나) – (다) – (라)

23 다음 글의 서술상 특징으로 가장 적절한 것은?

제2차 세계대전이 끝나고 나서 미국과 소련 및 그 동맹국들 사이에서 공공연하게 전개된 제한적 대결 상태를 냉전이라고 한다. 냉전의 기원에 대한 논의는 냉전이 시작된 직후부터 최근까지 계속 진행되었다. 이는 단순히 냉전의 발발 시기와 이유에 대한 논의만이 아니라, 그 책임 소재를 묻는 것이기도 하다. 그 연구의 결과를 편의상 세 가지로 나누어 볼 수 있다.

가장 먼저 나타난 전통주의는 냉전을 유발한 근본적 책임이 소련의 팽창주의에 있다고 보았다. 소련은 세계를 공산화하기 위한 계획을 수립했고, 이 계획을 실행하기 위해 특히 동유럽 지역을 시작으로 적극적인 팽창 정책을 수행하였다. 그리고 미국이 자유 민주주의 세계를 지켜야 한다는 도덕적 책임감에 기초하여 그에 대한 봉쇄 정책을 추구하는 와중에 냉전이 발생했다고 본다. 미국의 봉쇄 정책이 성공적으로 수행된 결과 냉전이 종식되었다는 것이 이들의 입장이다.

여기에 비판을 가한 수정주의는 기본적으로 냉전의 책임이 미국 쪽에 있고, 미국의 정책은 경제적 동기에서 비롯되었다고 주장했다. 미국은 전후 세계를 자신들이 주도해 나가야 한다고 생각했고, 전쟁 중에 급증한 생산력을 유지할 수 있는 시장을 얻기 위해 세계를 개방 경제 체제로 만들고자 했다. 그러므로 미국 정책 수립의 기저에 깔린 것은 이념이 아니라는 것이다. 무엇보다 소련은 미국에 비해 국력이 미약했으므로 적극적 팽창 정책을 수행할 능력이 없었다는 것이 수정주의의 기본적 입장이었다. 오히려 미국이 유럽에서 공격적인 정책을 수행했고, 소련은 이에 대응했다는 것이다.

냉전의 기원에 대한 또 다른 주장인 탈수정주의는 위의 두 가지 주장에 대한 절충적 시도로서 냉전의 책임을 일방적으로 어느 한 쪽에 부과해서는 안 된다고 보았다. 즉, 냉전은 양국이 추진한 정책의 '상호작용'에 의해 발생했다는 것이다. 또 경제를 중심으로만 냉전을 보아서는 안 되며 안보 문제 등도 같이 고려하여 파악해야 한다고 보았다. 소련의 목적은 주로 안보 면에서 제한적으로 추구되었는데, 미국은 소련의 행동에 과잉 반응했고, 이것이 상황을 악화시켰다는 것이다. 이로 인해 냉전 책임론은 크게 후퇴하고 구체적인 정책 형성에 대한 연구가 부각되었다.

① 하나의 현상에 대한 다양한 견해를 제시하고 있다.
② 여러 가지 의견을 비교하면서 그 우월성을 논하고 있다.
③ 기존의 견해를 비판하면서 새로운 견해를 제시하고 있다.
④ 현상의 원인을 분석하여 다양한 해결책을 제시하고 있다.
⑤ 충분한 사례를 들어 자신의 주장을 뒷받침하고 있다.

24 농도가 9%인 A소금물 300g과 농도가 11.2%인 B소금물 250g을 합쳐서 C소금물을 만들었다. C소금물을 20% 덜어내고, 10g의 소금을 추가했을 때, 만들어진 소금물의 농도는?

① 12% ② 13%
③ 14% ④ 15%
⑤ 16%

25 다음은 A ~ C대학교 입학 및 졸업자 인원 현황에 대한 자료이다. 빈칸에 들어갈 값으로 가장 적절한 것은? (단, 각 수치는 매년 일정한 규칙으로 변화한다)

〈대학교별 입학 및 졸업자 추이〉

(단위 : 명)

구분	A대학교		B대학교		C대학교	
	입학	졸업	입학	졸업	입학	졸업
2018년	670	613	502	445	422	365
2019년	689	632	530	473	436	379
2020년	740	683	514		452	395
2021년	712	655	543	486	412	355
2022년	749	692	540	483	437	380

① 448 ② 457
③ 462 ④ 473
⑤ 487

26 K씨는 네일아트를 전문적으로 하는 뷰티숍을 개점하기 전 고객 분포를 알아보고자 직접 설문조사를 하였다. 설문조사 결과가 다음과 같을 때, K씨가 이해한 내용으로 가장 적절한 것은?(단, 복수응답과 무응답은 없다)

〈응답자의 연령대별 방문횟수〉

(단위 : 명)

방문횟수 \ 연령대	20 ~ 25세	26 ~ 30세	31 ~ 35세	합계
1회	19	12	3	34
2 ~ 3회	27	32	4	63
4 ~ 5회	6	5	2	13
6회 이상	1	2	0	3
합계	53	51	9	113

〈응답자의 직업〉

(단위 : 명)

직업	응답자
학생	49
회사원	43
공무원	2
전문직	7
자영업	9
가정주부	3
합계	113

① 전체 응답자 중 20 ~ 25세 응답자가 차지하는 비율은 50% 이상이다.

② 26 ~ 30세 응답자 중 4회 이상 방문한 응답자 비율은 10% 이상이다.

③ 31 ~ 35세 응답자의 1인당 평균 방문횟수는 2회 미만이다.

④ 전체 응답자 중 직업이 학생 또는 공무원인 응답자 비율은 50% 이상이다.

⑤ 전체 응답자 중 20 ~ 25세인 전문직 응답자 비율은 5% 미만이다.

27 다음 수제 초콜릿에 대한 분석 기사를 읽고 〈보기〉에서 설명하는 SWOT 분석에 의한 마케팅 전략을 진행하고자 할 때, 마케팅 전략으로 적절하지 않은 것은?

> 오늘날 식품 시장을 보면 원산지와 성분이 의심스러운 제품들로 넘쳐 납니다. 이로 인해 소비자들은 고급스럽고 안전한 먹거리를 찾고 있습니다. 우리의 수제 초콜릿은 이러한 요구를 완벽하게 충족시켜주고 있습니다. 풍부한 맛, 고급 포장, 모양, 건강상의 혜택, 강력한 스토리텔링 모두 높은 품질을 원하는 소비자들의 요구를 충족시키는 것입니다. 사실 수제 초콜릿을 만드는 데는 비용이 많이 듭니다. 각종 장비 및 유지 보수에서부터 값비싼 포장과 유통 업체의 높은 수익을 보장해주다 보면 초콜릿을 생산하는 업체에게 남는 이익은 많지 않습니다. 또한, 수제 초콜릿의 존재 자체를 많은 사람들이 알지 못하는 상황입니다. 하지만 보다 좋은 식품에 대한 인기가 높아짐에 따라 더 많은 업체들이 수제 초콜릿을 취급하기를 원하고 있습니다. 따라서 수제 초콜릿은 일반 초콜릿보다 더 높은 가격으로 판매될 수 있을 것입니다. 현재 초콜릿을 대량으로 생산하는 대형 기업들은 자신들의 일반 초콜릿과 수제 초콜릿의 차이를 줄이는 데 최선을 다하고 있습니다. 그리고 직접 맛을 보기 전에는 일반 초콜릿과 수제 초콜릿의 차이를 알 수 없기 때문에 소비자들은 굳이 초콜릿에 더 많은 돈을 지불해야 하는 이유를 알지 못할 수 있습니다. 따라서 수제 초콜릿의 효과적인 마케팅 전략이 필요한 시점입니다.

─────────〈보기〉─────────

- SO전략 : 강점을 살려 기회를 포착
- ST전략 : 강점을 살려 위협을 회피
- WO전략 : 약점을 보완하여 기회를 포착
- WT전략 : 약점을 보완하여 위협을 회피

① 수제 초콜릿의 값비싸고 과장된 포장을 바꾸고, 그 비용으로 안전하고 맛있는 수제 초콜릿을 홍보하면 어떨까.
② 수제 초콜릿을 고급 포장하여 수제 초콜릿의 스토리텔링을 더 살려보는 것은 어떨까.
③ 수제 초콜릿의 스토리텔링을 포장에 명시한다면 소비자들이 믿고 구매할 수 있을 거야.
④ 수제 초콜릿의 마케팅을 강화하는 방법으로 수제 초콜릿의 차이를 알려 대기업과의 경쟁에서 이겨야겠어.
⑤ 전문가의 의견을 통해 수제 초콜릿의 풍부한 맛을 알리는 동시에 일반 초콜릿과 맛의 차이도 알려야겠어.

28 다음 글의 내용이 참일 때, 반드시 거짓인 것은?

> 갑 ~ 무는 K부서에 근무하고 있다. 이 부서에서는 다른 공사와의 업무 협조를 위해 지방의 네 지역으로 직원을 출장 보낼 계획을 수립하였다. 원활한 업무 수행을 위해서 모든 출장은 갑 ~ 무 중 두 명 또는 세 명으로 구성된 팀 단위로 이루어진다. 네 팀이 구성되어 네 지역에 각각 한 팀씩 출장이 배정되며, 네 지역 출장 날짜는 모두 다르다. 모든 직원은 최소한 한 번 출장에 참가한다. 이번 출장 업무를 총괄하는 직원은 단 한 명밖에 없으며, 그는 네 지역 모두의 출장에 참가한다. 더불어 업무 경력을 고려하여 단 한 지역의 출장에만 참가하는 것은 신입사원으로 제한한다. K부서에 근무하는 신입사원은 한 명밖에 없다. 이런 기준 아래에서 출장 계획을 수립한 결과, 을은 갑과 단둘이 가는 한 번의 출장 이외에 다른 어떤 출장도 가지 않으며, 병과 정이 함께 출장을 가는 경우는 단 한 번밖에 없다. 그리고 네 지역 가운데 광역시가 두 곳인데, 단 두 명의 직원만이 두 광역시 모두에 출장을 간다.

① 갑은 이번 출장 업무를 총괄하는 직원이다.
② 을은 광역시에 출장을 가지 않는다.
③ 병이 갑, 무와 함께 출장을 가는 지역이 있다.
④ 정은 총 세 곳에 출장을 간다.
⑤ 무가 출장을 가는 지역은 두 곳이고 그중 한 곳은 정과 함께 간다.

29 이웃해 있는 10개의 건물에 초밥가게, 옷가게, 신발가게, 편의점, 약국, 카페가 있다. 카페가 3번째 건물에 있을 때, 〈조건〉을 토대로 항상 옳은 것은?(단, 한 건물에 한 가지 업종만 들어갈 수 있다)

> ─────── 〈조건〉 ───────
> • 초밥가게는 카페보다 앞에 있다.
> • 초밥가게와 신발가게 사이에 6개의 건물이 있다.
> • 옷가게와 편의점은 인접할 수 없으며, 옷가게와 신발가게는 인접해 있다.
> • 신발가게 뒤에 아무것도 없는 2개의 건물이 있다.
> • 2번째와 4번째 건물은 아무것도 없는 건물이다.
> • 편의점과 약국은 인접해 있다.

① 카페와 옷가게는 인접해 있다.
② 초밥가게와 약국 사이에 2개의 건물이 있다.
③ 편의점은 6번째 건물에 있다.
④ 신발가게는 8번째 건물에 있다.
⑤ 옷가게는 5번째 건물에 있다.

30 호동, 수근, 지원은 점심식사 후 항상 커피를 마시며, 종류는 아메리카노, 카페라테, 카푸치노, 에스프레소 4종류가 있다. 다음 〈조건〉이 항상 참일 때 옳은 것은?

---〈조건〉---
- 호동은 카페라테와 카푸치노를 마시지 않는다.
- 수근은 에스프레소를 마신다.
- 호동과 수근이 마시는 커피는 서로 다르다.
- 지원은 에스프레소를 마시지 않는다.

① 지원은 아메리카노를 마신다.
② 호동은 아메리카노를 마신다.
③ 지원과 수근이 마시는 커피는 같다.
④ 호동이 마시는 커피는 주어진 조건만으로는 알 수 없다.
⑤ 지원은 카푸치노를 마신다.

31 다음 중 Windows 운영체제에서 파일을 이용하는 방법으로 가장 적절한 것은?

① 임의의 폴더 내에서 모든 파일을 선택하려면 〈Ctrl〉+〈A〉를 누르거나 메뉴 모음에서 [편집] → [모두 선택]을 한다.
② 〈Shift〉를 누른 상태에서 임의의 파일을 다른 드라이브의 폴더로 드래그하면 선택된 파일이 복사된다.
③ 탐색기에서 파일을 삭제하려면 파일을 선택한 후 〈Ctrl〉+〈Delete〉를 누르거나 휴지통으로 끌어다 놓는다.
④ 비연속적인 다수의 파일을 선택하려면 〈Shift〉를 누른 상태에서 해당되는 파일을 하나씩 클릭한다.
⑤ 실행취소 후 다시 시행하려면 〈Shift〉+〈Y〉를 누른다.

(가) K대학교 무역학과 학생대표 A군은 마지막 학기를 맞이해 무역학과 학생회 임원들과 졸업여행을 추진하고자 한다. 임원들의 의견을 받기 위해 단체 문자 발송을 준비하고 있다. 현재 A군은 무역학과 임원들의 인원수, 성별, 이름, 나이, 전화번호 등 무역학과 학생들의 자료를 보유하고 있다. A군은 이 자료를 활용하여 학생들 중 남학생이 선호하는 장소, 여학생이 선호하는 장소, 출발 날짜, 각종 행사, 숙박 시설 등을 결정하고자 한다. 이를 분석하여 무역학과 학생들이 선호하는 졸업 여행 장소와 많은 인원이 참석 가능한 날짜, 재미있게 즐길 수 있는 행사, 숙소를 정할 수 있다.

(나) K사의 인사부서에서 근무하는 오과장의 업무는 직원들의 개인정보 관리이다. 직원의 수는 만 명 이상이기 때문에 오과장은 주요 키워드나 주제어를 가지고 직원들의 정보를 구분하고 관리한다.

32 (가)를 토대로 자료와 정보, 지식에 대한 설명으로 가장 적절한 것은?

① 정보는 아직 특정한 목적에 대하여 평가되지 않은 상태의 숫자나 문자를 의미한다.

② 학생들의 이름, 나이, 주소, 성별, 전화번호도 정보라고 볼 수 있다.

③ 학생들이 보내 준 여행 장소, 여행이 가능한 날짜는 지식이다.

④ A군은 기존에 보유하고 있던 자료를 졸업 여행 기획서를 작성하기 위한 것으로 가공하여 활용하였다.

⑤ 지식은 자료를 일정한 프로그램에 따라 컴퓨터가 처리·가공함으로써 특정한 목적을 달성하는 데 필요하거나 유의미한 자료를 가리킨다.

33 (나)를 토대로 오과장이 하고 있는 정보관리 방법으로 가장 적절한 것은?

① 분류를 활용한 정보관리

② 목록을 활용한 정보관리

③ 색인을 활용한 정보관리

④ 1:1 매칭을 활용한 정보관리

⑤ 병합을 활용한 정보관리

34 다음 〈보기〉 중 데이터베이스의 필요성에 대한 설명으로 적절하지 않은 것을 모두 고르면?

─────〈보기〉─────
⊙ 데이터베이스를 이용하면 데이터 관리상의 보안을 높일 수 있다.
ⓒ 데이터베이스 도입만으로 특정 자료 검색을 위한 효율이 높아진다고 볼 수는 없다.
ⓒ 데이터베이스를 이용하면 데이터 관리 효율은 높일 수 있지만, 데이터의 오류를 수정하기가 어렵다.
ⓔ 데이터가 양적으로 방대하다고 해서 반드시 좋은 것은 아니므로 데이터베이스를 형성해 중복된 데이터를 줄여야 한다.

① ⊙, ⓒ
② ⊙, ⓒ
③ ⓒ, ⓒ
④ ⓒ, ⓔ
⑤ ⓒ, ⓔ

35 다음 시트에서 [B1] ~ [B5] 셀에 〈보기〉의 (가) ~ (마) 함수를 순서대로 입력하였을 때, 표시되는 결괏값이 나머지 넷과 다른 하나는?

	A	B
1	333	
2	합격	
3	불합격	
4	12	
5	7	

─────〈보기〉─────
(가) =ISNUMBER(A1)
(나) =ISNONTEXT(A2)
(다) =ISTEXT(A3)
(라) =ISEVEN(A4)
(마) =ISODD(A5)

① (가)
② (나)
③ (다)
④ (라)
⑤ (마)

36 다음 중 하나의 시스템을 여러 사용자가 공유하여 동시에 대화식으로 작업을 수행할 수 있는 시스템은 무엇인가?

① 오프라인 시스템(Off-Line System)

② 일괄 처리 시스템(Batch Processing System)

③ 시분할 시스템(Time Sharing System)

④ 분산 시스템(Distributed System)

⑤ 실시간 시스템(Real Time System)

37 다음 중 Windows 7의 바탕화면에 있는 바로가기 아이콘에 대한 설명으로 적절하지 않은 것은?

① 바로가기 아이콘의 왼쪽 아래에는 화살표 모양의 그림이 표시된다.

② 바로가기 아이콘을 이름, 크기, 형식, 수정한 날짜 등의 순서로 정렬하여 표시할 수 있다.

③ 바로가기 아이콘의 바로가기를 또 만들 수 있다.

④ 바로가기 아이콘을 삭제하면 연결된 실제의 대상 파일도 삭제된다.

⑤ 〈F2〉 키로 바로가기 아이콘의 이름을 바꿀 수 있다.

38 K공사 총무부에서 근무하는 S사원은 워드프로세서 프로그램을 사용해 결재 문서를 작성해야 하는데 결재란을 페이지마다 넣고 싶어 했다. 다음 중 S사원이 사용해야 하는 워드프로세서 기능은 무엇인가?

① 스타일

② 쪽 번호

③ 미주

④ 머리말

⑤ 글자 겹치기

39 K공사는 출근 시스템 단말기에 직원들이 카드로 출근 체크를 하면 엑셀 워크시트에 실제 출근시간 데이터가 자동으로 전송되어 B열에 입력된다. 총무부에서 근무하는 귀하가 데이터에 따라 직원들의 근태상황을 체크 하려고 할 때, [C8] 셀에 입력할 함수는?(단, 9시까지는 '출근'으로 인정한다)

	A	B	C	D
1			날짜	2023.03.20.
2		〈직원별 출근 현황〉		
3	이름	체크시간	근태상황	비고
4	이청용	7:55		
5	이하이	8:15		
6	구자철	8:38		
7	박지민	8:59		
8	손흥민	9:00		
9	박지성	9:01		
10	홍정호	9:07		

① =IF(B8>=TIME(9,1,0),"출근","지각")

② =IF(B8>=TIME(9,1,0),"지각","출근")

③ =IF(HOUR(B8)>=9,"지각","출근")

④ =IF(HOUR(B8)>=9,"출근","지각")

⑤ =IF(B8>=TIME(9,0,0),"지각","출근")

40 다음 중 Windows에 설치된 프린터의 [인쇄 관리자] 창에서 할 수 있는 작업으로 적절하지 않은 것은?

① 인쇄 중인 문서도 강제로 종료시킬 수 있다.

② 인쇄 중인 문서를 일시 중지하고 다른 프린터로 출력하도록 할 수 있다.

③ 현재 사용 중인 프린터를 기본 프린터로 설정할 수 있다.

④ 현재 사용 중인 프린터를 공유하도록 설정할 수 있다.

⑤ 현재 사용 중인 프린터의 기본 설정을 변경할 수 있다.

제약회사인 K사의 글로벌 시장 진출이 올해로 10년을 맞이한다. K사는 점진적인 해외시장 공략을 추진하여 최근 베트남의 파트너사와 기술 이전 및 현지 생산을 위한 킥오프 미팅을 진행했다.

K사는 파트너사의 공장에서 생산이 가능한 제품 5가지를 우선 선정하고 올해 안으로 기술 이전을 완료하여 내년부터는 현지에서 제품을 판매할 계획을 가지고 있다.

K사는 베트남 현지 시장의 문화, 환경, 제도 등 대내외 환경과 트렌드를 파악하고 이에 맞는 전략을 추진하고 있다. 단순 수출에 의존할 경우 현지 규정과 정책에 따라 불확실성이 커지고 현지 경쟁사와 대등한 위치로 성장하기 어렵기 때문이다. K사는 단기적인 매출 확장보다는 미래를 생각해 새로운 성장 동력을 갖추기 위한 현지시장 지배력 강화에 투자와 집중을 가속화하고 있다.

41 다음 중 K사의 글로벌 시장 진출은 어떤 전략을 중점으로 하고 있는가?

① 현지화 전략   ② 윤리 경영

③ R&D 전략   ④ 전략적 제휴 및 M&A

⑤ 지속적인 변화와 혁신 추구

42 다음 중 K사의 글로벌 시장 진출 전략을 추진하기 위해 사전에 고려해야 하는 요소로 적절하지 않은 것은?

① 문화적, 정치적 환경에 적응할 수 있도록 하는 산업적 특성

② 규모의 경제를 활용한 표준화

③ 국내에서 현지로 파견할 전문가 양성

④ 마케팅, 광고, 상품 디자인 등 소비자의 욕구

⑤ 조직이 갖고 있는 자원을 현지에서 경쟁우위로 활용

43 다음 중 K사와 동일한 방식의 글로벌 전략을 운영하는 사례로 보기 어려운 것은?

① 식음료 회사인 A사는 각국의 상황에 맞도록 광고 캠페인의 문구를 변경하고, 문화마케팅을 통해 각 나라의 자사 제품의 시장점유율을 높였다.

② 전자 회사인 B사는 프랑스 시장에 진출하면서 기존 방식을 배제하고, 프랑스인의 예술에 대한 사랑을 고려하여 고화질 TV를 활용한 전시회를 개최하고 큰 반응으로 이끌어 내어 성공적으로 자리 잡게 되었다.

③ 피자 프랜차이즈 회사인 C사는 인도에 진출하면서 자사의 서양식 피자 메뉴 외에 인도인에게 익숙한 재료를 포함한 피자를 출시하고, 현지 직원을 고용하여 자사의 브랜드를 알리고 시장을 확대해 나갔다.

④ 자동차 회사인 D사는 글로벌 시장에 총 70개의 합자기업을 설립하여 완성차 및 부품 수출 규모를 5년 사이 50% 증가시켰다.

⑤ W마트는 시장 진출 초기, 해당 지역에서 가장 높은 점유율을 지닌 점포를 인수한 후, 시장을 제패할 확신이 설 때까지 기존 점포이름으로 경영하며 '천천히 인수하기' 전략을 펼친다.

제빵용 베이킹 소다 생산업체인 K사의 신사업TF(태스크포스)팀장인 염팀장은 진출분야에 대해 고심하던 중 혼자보다는 팀 구성원들과 힘을 합쳐 생각하는 게 낫다고 판단을 내려 탐색을 위한 집단의사결정을 진행하기로 했다.

염팀장 : 오늘 회의는 우리 회사가 새로 진출할 사업분야 아이디어를 자유롭게 이야기하는 자리입니다. 서로 눈치 보지 말고 어떤 제약도 없이 자신의 의견을 다양하게 개진하면 됩니다.

김대리 : 제가 생각했던 아이디어가 있어서 먼저 이야기해 보겠습니다. 인터넷 등 외부자료들을 검색하다 보니 저희 회사와 유사한 형태의 외국기업이 있었는데요. 그 회사도 매출급감으로 인해 신사업분야를 고심하던 중 베이킹 소다를 활용한 냉장고 탈취제 시장에 진출했다고 합니다. 지금도 경쟁상품은 많지만 소비자들이 환경보호에 관심이 많은 요즘 괜찮은 시장이 될 것 같다는 생각이 듭니다. 또 소비자들이 먹는 것을 보관하는 곳이다 보니 화학제품으로 만든 탈취제보다 먹을 수 있는 소다로 만든 탈취제를 더 선호하지 않을까요?

박사원 : 저도 김대리와 유사한 내용을 자료에서 봤는데요. 폭을 좀 더 넓혀서 탈취제뿐만 아니라 세정제 시장으로 확장을 해도 충분히 시장성을 있을 것이라고 생각됩니다. 저도 집에서 우리 회사 베이킹 소다로 주방이랑 화장실 청소를 해 봤는데 효과가 괜찮았습니다. 그 쪽으로 좀 더 신제품을 출시하면 어떨까요?

염팀장 : 좋은 생각이네요. 안 그래도 우리 TF팀이 구성된 이유가 우리 제품의 시장이 점점 줄어들기 때문인데 신사업으로 돌파구가 될 수 있을 거라는 생각이 듭니다.

최과장 : 저는 좀 반대입니다. 다들 너무 희망적인 면만 보시는 것 같은데요. 우리나라 생활용품 시장은 이미 포화상태입니다. 안 그래도 경쟁사들이 다들 할인판매를 하느라 팔아도 수익이 날지 말지 고심하고 있는데, 그 시장에 뛰어들자고요? 좀 새로운 아이디어가 필요하지 않을까요?

김대리 : 팀장님이 아이디어를 다양하고 자유롭게 이야기하자고 해서 말씀드린 건데, 그럼 최과장님은 어떤 생각이신데요?

염팀장 : 자자. 최과장과 김대리 둘 다 그만하고 서로 의견을 존중하며 새로운 아이디어를 좀 더 들어봅시다.

44 다음 중 회의에서 염팀장이 집단의사결정 시 활용한 방법과 그 설명이 바르게 짝지어진 것은?

① 델파이기법 : 전문가의 경험적 지식을 통한 문제해결 및 미래예측을 위한 기법이다.

② 팀빌딩기법 : 팀원들의 작업 및 커뮤니케이션 능력, 문제해결 능력을 향상시켜 조직의 효율을 높이려는 조직개발 기법이다.

③ 브레인스토밍 : 창의적인 아이디어를 생산하기 위한 학습 도구이자 회의 기법이다.

④ 스토리텔링 : 상대방에게 알리고자 하는 바를 재미있고 생생한 이야기로 설득력 있게 전달하는 기법이다.

⑤ 예측시장기법 : 의사결정에 필요한 어떤 미래 사건의 결과를 계약화하여 시장 메커니즘에 의해 거래하게 한 후, 그 가격으로 탄력적이고 확률적으로 미래를 예측하는 기법이다.

45 최과장은 염팀장이 진행하는 집단의사결정의 규칙에 어긋난 행동을 하고 있다. 다음 중 어떤 부분을 어기고 있는가?

① 모든 아이디어가 제안되고 나면 이를 결합하고 해결책을 마련한다.

② 다른 사람이 아이디어를 제시할 때 비판하지 않는다.

③ 문제에 대한 제안은 자유롭게 이루어질 수 있다.

④ 아이디어는 많이 나올수록 좋다.

⑤ 특이한 아이디어를 환영한다.

46 다음 중 K사가 회의에서 활용한 집단의사결정의 긍정적인 면으로 적절하지 않은 것은?

① 한 사람이 가진 지식보다 집단이 가지고 있는 지식과 정보가 더 많아 효과적인 결정을 할 수 있다.

② 각자 다른 시각으로 문제를 바라봄에 따라 다양한 견해를 가지고 접근할 수 있다.

③ 결정된 사항에 대하여 의사결정에 참여한 사람들이 해결책을 수월하게 수용할 수 있다.

④ 의견이 불일치하는 경우에도 짧은 시간 내 의사결정을 내릴 수 있다.

⑤ 집단구성원들의 의사소통 기회가 향상될 수 있다.

47 다음 글에서 설명하는 의사결정 방법은 무엇인가?

> 조직에서 의사결정을 하는 대표적인 방법으로, 여러 명이 한 가지 문제를 놓고 아이디어를 비판 없이 제시하여 그중에서 최선책을 찾아내는 방법이다. 다른 사람이 아이디어를 제시할 때 비판하지 않고, 아이디어를 최대한 많이 공유하고 이를 결합하여 해결책을 마련하게 된다.

① 만장일치　　　　　　　　② 다수결

③ 브레인스토밍　　　　　　④ 의사결정나무

⑤ 델파이 기법

※ 다음 글을 읽고 이어지는 질문에 답하시오. [48~50]

> 지난 20년간 해외에서 커피머신을 수입하여 국내에 유통하는 사업을 운영한 K사는 대표이사를 중심으로 기획팀, 인사팀, 재무팀, 영업팀, AS팀, CS팀으로 나누어져 구성원들의 업무가 분장되어 팀별 업무수행 영역이 나뉘어져 있었다. 의사결정은 위계에 따른 수직적 구조로 이루어지고 있었고, 모든 최종 의사결정은 대표이사에 의해 이루어졌다.
> 최근 국내외 시장의 변화의 폭이 크고 기존 사업만으로는 한계점이 나타나 인사컨설팅 이후 대표이사는 조직구조를 개편하기로 결정을 내렸다. 기존 조직구조에서 벗어나 유연성과 탄력성을 가진 조직을 만들고자 하는 것이다.

48 다음 중 K사의 기존 조직구조의 특징으로 볼 수 없는 것은?

① 구성원들의 업무가 분명하게 정해져 있다.

② 엄격한 위계질서가 존재한다.

③ 상하 간 의사소통이 공식적인 경로에 의해 이루어진다.

④ 의사결정권이 위임되어 있어 팀별 자율성이 보장된다.

⑤ 많은 규칙과 규제들이 있다.

49 다음 중 K사가 앞으로 개편하고자 하는 조직구조의 필요요소로 보기 어려운 것은?

① 의사결정권한의 위임   ② 비공식적인 상호 의사소통

③ 업무의 공유   ④ 규제나 통제 수준 상향

⑤ 변화의 용이성

50 다음 중 K사가 향후 조직개편에 반영해야 할 사항으로 가장 적절한 것은?

① 업무의 내용이 유사하고 관련성이 있는 것들을 결합한 조직구조의 형태를 만들어야 한다.

② 고객과 환경변화에 신속하게 대응하고 분권화된 의사결정이 가능한 사업별 조직 구조를 만들어야 한다.

③ CEO를 최상층에 두고 조직구성원들을 단계적으로 배열하는 구조를 만들어야 한다.

④ 환경의 안정성을 기반에 두어야 한다.

⑤ 일상적인 기술, 조직의 내부 효율성을 중요시하는 조직 구조를 구축해야 한다.

4권

제4회 신용보증기금& 기술보증기금

NCS 직업기초능력

www.sdedu.co.kr

〈문항 및 시험시간〉

구분	평가영역	문항 수	시험시간	모바일 OMR 답안채점/성적분석 서비스
신용보증기금	의사소통＋수리＋문제해결	20문항	25분	
기술보증기금	의사소통＋수리＋문제해결 ＋정보＋조직이해	50문항	60분	

제4회 모의고사

※ 1번부터 20번까지는 신용보증기금과 기술보증기금의 필기전형 공통영역으로 구성하였습니다.
  신용보증기금 응시생은 1번부터 20번까지, 기술보증기금 응시생은 1번부터 50번까지 학습하시기 바랍니다.

01 다음 중 문서의 종류에 대한 설명으로 적절하지 않은 것은?

① 기획서 : 제품의 특징과 활용도에 대해 세부적으로 언급하는 문서이다.
② 보고서 : 특정한 일에 대한 현황이나 그 진행 상황 또는 연구·검토 결과 등을 보고하고자 할 때 작성하는 문서이다.
③ 보도자료 : 각종 단체 등이 언론을 상대로 자신들의 정보가 기사로 보도되도록 하기 위해 보내는 문서이다.
④ 설명서 : 상품의 특성이나 사물의 가치, 작동 방법이나 과정에 대해 소비자에게 설명하는 것을 목적으로 작성한 문서이다.
⑤ 기안서 : 회사의 업무에 대한 협조를 구하거나 의견을 전달할 때 작성하는 문서이다.

02 다음 글을 읽고 이해한 내용으로 적절하지 않은 것은?

> 세슘은 알칼리 금속에 속하는 화학 원소로, 무르고 밝은 금색이며 실온에서 액체 상태로 존재하는 세 가지 금속 중 하나이다. 세슘은 공기 중에서도 쉽게 산화하며 가루 세슘 또한 자연발화를 하는데다 물과 폭발적으로 반응하기 때문에 소방법에서는 위험물로 지정하고 있다. 나트륨이나 칼륨은 물에 넣으면 불꽃을 내며 타는데, 세슘의 경우에는 물에 넣었을 때 발생하는 반응열과 수소 기체가 만나 더욱 큰 폭발을 일으킨다. 세슘에는 약 30종의 동위원소가 있는데, 이 중 세슘-133만이 안정된 형태이며 나머지는 모두 자연적으로 붕괴한다. 이 중 세슘-137은 감마선을 만드는데, 1987년에 이 물질에 손을 댄 4명이 죽고 200명 이상이 피폭당한 고이아니아 방사능 유출사고가 있었다.

① 세슘은 실온에서 액체로 존재하는 세 가지 금속 중 하나이다.
② 액체 상태의 세슘은 위험물에서 제외하고 있다.
③ 세슘은 물에 넣었을 때 큰 폭발을 일으킨다.
④ 세슘-137을 부주의하게 다룰 경우 생명이 위독할 수 있다.
⑤ 세슘의 동위원소 대부분은 안정적이지 못하다.

03 다음 글의 빈칸에 들어갈 내용을 〈보기〉에서 골라 바르게 나열한 것은?

> 1950년대 이후 부국이 빈국에 재정지원을 하는 개발원조 계획이 점차 시행되었다. 하지만 그 결과는 그다지 좋지 못했다. 부국이 개발협력에 배정하는 액수는 수혜국의 필요가 아니라 공여국의 재량에 따라 결정되었고, 개발 지원의 효과는 보잘것없었다. _____ 개발 원조를 받았어도 라틴 아메리카와 아프리카의 많은 나라들이 부채에 시달리고 있는 것이다.
>
> 공여국과 수혜국 간에는 문화 차이가 있기 마련이다. _____ 공여국 쪽에서는 실제 도움이 절실한 개인들에게 우선적으로 혜택이 가기를 원하지만, 수혜국 쪽에서는 자국의 경제 개발에 필요한 부문에 개발 원조를 우선 지원하려고 한다.
>
> 개발협력의 성과는 두 사회 구성원의 문화 간 상호 이해 정도에 따라 결정된다는 것이 최근 분명해졌다. 자국민 말고는 어느 누구도 그 나라를 효율적으로 개발할 수 없다. _____ 원조 내용도 수혜국에서 느끼는 필요와 우선순위에 부합해야 효과적이다. 이 일은 문화 간 이해와 원활한 의사소통을 필요로 한다.

〈보기〉
> ㉠ 공여국은 개인주의적 문화가 강한 반면, 수혜국은 집단주의적 문화가 강하다.
> ㉡ 원조에도 불구하고 빈국은 대부분 더욱 가난해졌다.
> ㉢ 그러므로 외국 전문가는 현지 맥락을 고려하여 자신의 기술과 지식을 이전해야 한다.

① ㉠, ㉡, ㉢   ② ㉠, ㉢, ㉡
③ ㉡, ㉠, ㉢   ④ ㉡, ㉢, ㉠
⑤ ㉢, ㉡, ㉠

04 다음 글에서 ㉠~㉤의 수정 방안으로 적절하지 않은 것은?

> 실제로 예상보다 많은 청소년이 아르바이트를 하고 있거나 아르바이트를 했던 경험이 있다고 응답했다. ㉠청소년들이 가장 많은 아르바이트는 '광고 전단 돌리기'였다. 전단지 아르바이트는 ㉡시급이 너무 높지만 아르바이트 중에서도 가장 짧은 시간에 할 수 있는 대표적인 단기 아르바이트로 유명하다. 이러한 특징으로 인해 대부분의 사람이 전단지 아르바이트를 꺼리게 되고, 돈은 필요하지만 학교에 다니면서 고정적으로 일하기는 어려운 청소년들이 주로 하게 된다고 한다. 전단지 아르바이트 다음으로는 음식점에서 아르바이트를 해보았다는 청소년들이 많았다. 음식점 중에서도 패스트푸드점에서 아르바이트를 하고 있거나 해보았다는 청소년들이 가장 많았는데, 패스트푸드점은 ㉢대체로 높은 임금을 받거나 대형 프랜차이즈가 아닌 경우에는 최저임금마저도 주지 않는다는 조사 결과가 나왔다. 또한, 식대나 식사를 제공하지 않아서 몇 시간 동안 서서 일하면서도 ㉣끼니만도 제대로 해결하지 못했던 경험을 한 청소년이 많은 것으로 밝혀졌다. ㉤근로자로써 당연히 보장받아야 할 권리를 청소년이라는 이유로 보호받지 못하고 있다.

① ㉠ : 호응 관계를 고려하여 '청소년들이 가장 많이 경험해 본'으로 수정한다.
② ㉡ : 앞뒤 문맥을 고려하여 '시급이 너무 낮지만'으로 수정한다.
③ ㉢ : 호응 관계를 고려하여 '대체로 최저임금으로 받거나'로 수정한다.
④ ㉣ : 호응 관계를 고려하여 '끼니조차'로 수정한다.
⑤ ㉤ : '로써'는 어떤 일의 수단이나 도구를 나타내는 격조사이므로 '근로자로서'로 수정한다.

05 다음 글의 주장을 비판하기 위한 탐구 활동으로 가장 적절한 것은?

기술은 그 내부적인 발전 경로를 이미 가지고 있다. 따라서 어떤 특정한 기술(혹은 인공물)이 출현하는 것은 '필연적'인 결과라고 생각하는 사람들이 많다. 이러한 통념을 약간 다르게 표현하자면, 기술의 발전 경로는 이전의 인공물보다 '기술적으로 보다 우수한' 인공물들이 차례차례 등장하는 인공물들의 연쇄로 파악할 수 있다는 것이다. 그리고 기술의 발전 경로를 '단일한' 것으로 보고, 어떤 특정한 기능을 갖는 인공물을 만들어 내는 데 있어서 '유일하게 가장 좋은' 설계 방식이나 생산 방식이 있을 수 있다고 가정한다. 이와 같은 생각을 종합하면 기술의 발전은 결코 사회적인 힘이 가로막을 수 없는 것일 뿐 아니라 단일한 경로를 따르는 것이므로, 사람들이 할 수 있는 일은 이미 정해져 있는 기술의 발전 경로를 열심히 추적해 가는 것밖에 남지 않게 된다는 결론이 나온다.

그러나 다양한 사례 연구에 의하면 어떤 특정 기술이나 인공물을 만들어 낼 때, 그것이 특정한 형태가 되도록 하는 데 중요한 역할을 하는 것은 그 과정에 참여하고 있는 엔지니어, 자본가, 소비자, 은행, 정부 등의 이해관계나 가치체계임이 밝혀졌다. 이렇게 보면 기술은 사회적으로 형성된 것이며, 이미 그 속에 사회적 가치를 반영하고 있는 셈이 된다. 뿐만 아니라 복수의 기술이 서로 경쟁하여 그중 하나가 사회에서 주도권을 잡는 과정을 분석해 본 결과, 이 과정에서 중요한 역할을 하는 것은 기술적 우수성이나 사회적 유용성이 아닌, 관련된 사회집단들의 정치적·경제적 영향력인 것으로 드러났다고 한다. 결국 현재에 이르는 기술 발전의 궤적은 결코 필연적이고 단일한 것이 아니었으며, '다르게' 될 수도 있었음을 암시하고 있는 것이다.

① 논거가 되는 연구 결과를 반박할 수 있는 다른 연구 자료를 조사한다.
② 사회 변화에 따라 가치 체계의 변동이 일어나게 되는 원인을 분석한다.
③ 기술 개발에 관계자들의 이해관계나 가치가 작용한 실제 사례를 조사한다.
④ 글쓴이가 문제 삼고 있는 통념에 변화가 생기게 된 계기를 분석한다.
⑤ 글쓴이가 통념을 종합하여 이끌어낸 결론의 타당성을 검토한다.

06 다음 문단을 논리적 순서대로 바르게 나열한 것은?

> (가) 보통 라면은 일본에서 유래된 것으로 알려졌다. 그러나 우리가 좋아하는 라면과 일본의 라멘은 다르다. 일본의 라멘은 하나의 '요리'로서 위치하고 있으며, 처음에 인스턴트 라면이 발명된 것은 라멘을 휴대하고 다니면서 어떻게 하면 쉽게 먹을 수 있을까 하는 발상에서 기인한다. 그러나 한국의 라면은 그렇지 않다.
>
> (나) 일본의 라멘이 고기 육수를 통한 맛을 추구한다면, 한국의 인스턴트 라면에서 가장 중요한 특징은 '매운맛'이다. 한국의 라면은 매운맛을 좋아하는 한국 소비자의 입맛에 맞춰 변화되었다.
>
> (다) 이렇게 한국의 라면이 일본의 라멘과 전혀 다른 모습을 보이면서 라멘과 라면은 독자적인 영역을 만들어내기 시작했고, 해외에서도 한국의 라면은 일본의 라멘과 달리 나름대로 마니아층을 만들어내고 있다.
>
> (라) 한국의 라면은 요리라기보다는 일종의 간식으로서 취급되며, '일본 라멘의 간소화'로 인스턴트 라면과는 그 맛도 다르다. 이는 일본의 라멘이 어떠한 맛을 추구하고 있는지에 대해서 생각해보면 알 수 있다.

① (라) – (가) – (다) – (나)
② (라) – (가) – (나) – (다)
③ (가) – (라) – (다) – (나)
④ (가) – (라) – (나) – (다)
⑤ (가) – (다) – (나) – (라)

07 다음 글의 제목으로 가장 적절한 것은?

> 물은 너무 넘쳐도, 부족해도 문제이다. 무엇보다 물의 충분한 양을 안전하게 저장하면서 효율적으로 관리하는 것이 중요하다. 하지만 예기치 못한 자연재해가 불러오는 또 다른 물의 재해가 우리를 위협한다. 지진의 여파로 쓰나미(지진해일)가 몰려오고 댐이 붕괴되면서 상상도 못 한 피해를 불러올 수 있다. 이는 역사 속에서 실제로 반복되어 온 일이다.
>
> 1755년 11월 1일 아침, 15·16세기 대항해 시대를 거치며 해양 강국으로 자리매김한 포르투갈의 수도 리스본에 대지진이 발생했다. 도시 건물 중 85%가 파괴될 정도로 강력한 지진이었다. 하지만 지진은 재해의 전주곡에 불과했다.
>
> 지진이 덮치고 약 40분 후 쓰나미가 항구와 도심지로 쇄도했다. 해일은 리스본뿐 아니라 인근 알가르브 지역의 해안 요새 중 일부를 박살냈고, 숱한 가옥을 무너뜨렸다. 이로 인해 6만 ~ 9만 명이 귀한 목숨을 잃었다. 이 대지진과 이후의 쓰나미는 포르투갈 문명의 역사를 바꿔버렸다. 포르투갈은 이후 강대국 대열에서 밀려나 옛 영화를 찾지 못한 채 지금에 이르고 있다.
>
> 또한, 1985년 7월 19일 지진에 의해 이탈리아의 스타바댐이 붕괴하면서 그 여파로 발생한 약 20만 톤의 진흙과 모래, 물이 테세로 마을을 덮쳐 268명이 사망하고 63개의 건물과 8개의 다리가 파괴되는 사고가 일어났다.

① 우리나라는 '물 스트레스 국가'
② 도를 지나치는 '물 부족'
③ 강력한 물의 재해 '지진'
④ 누구도 피해갈 수 없는 '자연재해'
⑤ 자연의 경고 '댐 붕괴'

08 인식이는 과자와 아이스크림을 사려고 한다. 과자는 하나에 1,000원, 아이스크림은 하나에 600원이다. 15,000원을 가지고 과자와 아이스크림을 총 17개 사려고 한다면 아이스크림은 최소 몇 개를 사야 되는가?

① 4개   ② 5개

③ 6개   ④ 7개

⑤ 8개

09 민경이는 자신의 집에서 선화네 집으로 3m/s의 속도로 가고 선화는 민경이네 집으로 2m/s의 속도로 간다. 민경이와 선화네 집은 900m 떨어져 있고 선화가 민경이보다 3분 늦게 출발했을 때, 민경이는 집에서 출발한 지 얼마 만에 선화를 만나는가?(단, 민경이 집에서 선화네 집까지는 직선길 한 가지밖에 없다)

① 1분 12초   ② 2분 12초

③ 3분 12초   ④ 4분 12초

⑤ 5분 12초

10 빨강 1개, 초록 1개, 파랑 2개 총 4개의 숟가락과 빨강 2개, 초록 2개 총 4개의 젓가락이 있다. 숟가락과 젓가락으로 4개 세트를 만드는 경우의 수는 모두 몇 가지인가?

① 22가지   ② 36가지

③ 54가지   ④ 72가지

⑤ 84가지

11 수현이의 부모님은 미국에 거주 중이고, 동생은 일본에서 유학 중이다. 한국에서 미국과 일본에 국제전화를 걸 때 분당 통화요금은 각각 40원, 60원이다. 이번 달에 수현이가 부모님과 동생에게 전화를 건 시간을 합하면 1시간이고, 부모님과 통화하는 데 들어간 요금이 동생과 통화하는 데 들어간 요금의 2배일 때, 수현이가 내야 하는 국제전화 요금 총액은 얼마인가?

① 2,400원   ② 2,500원

③ 2,600원   ④ 2,700원

⑤ 2,800원

12 다음 자료에 대한 설명으로 적절하지 않은 것은?

<컴퓨터 판매량 및 모니터 판매비율>

(단위 : 천 대, %)

구분	2017년	2018년	2019년	2020년	2021년	2022년
컴퓨터 판매량	498	548	563	598	596	648
모니터 판매비율	14	18	20	24	26	29

① 2017년 대비 2021년 컴퓨터 판매량은 100천 대 이상 증가하지는 않았다.

② 2020년 모니터 판매량은 130천 대이다.

③ 컴퓨터 판매량은 꾸준히 증가하다 2021년에 잠시 주춤했으나, 이후 다시 증가했다.

④ 2022년 모니터 판매량은 2017년 모니터 판매량의 약 2.7배이다.

⑤ 모니터 판매비율은 매년 증가하고 있다.

13 중소기업의 생산 관리팀에서 근무하고 있는 귀하는 총 생산 비용의 감소율을 30%로 설정하려고 한다. 1단위 생산 시 단계별 부품 단가가 다음과 같을 때, ⓐ+ⓑ의 값으로 적절한 것은?

단계	부품 1단위 생산 시 투입비용(원)	
	개선 전	개선 후
1단계	4,000	3,000
2단계	6,000	ⓐ
3단계	11,500	ⓑ
4단계	8,500	7,000
5단계	10,000	8,000

① 4,000원 ② 6,000원

③ 8,000원 ④ 10,000원

⑤ 12,000원

14 서울에 사는 L씨는 휴일에 가족들과 경기도 맛집에 가기 위해 오후 3시에 집 앞으로 중형 콜택시를 불렀다. 집에서 맛집까지의 거리는 12.56km이며, 집에서 맛집으로 출발하여 4.64km를 이동하면 경기도에 진입한다. 맛집에 도착할 때까지 신호로 인해 택시가 멈췄던 시간은 8분이며, 택시의 속력은 이동 시 항상 60km/h 이상이었다. 다음 자료를 참고할 때, L씨가 지불하게 될 택시요금은 얼마인가?(단, 콜택시의 예약비용은 없으며, 신호로 인한 멈춘 시간은 모두 경기도 진입 후이다)

〈서울시 택시요금 계산표〉

구분			신고요금
중형택시	주간	기본요금	2km까지 3,800원
		거리요금	100원당 132m
		시간요금	100원당 30초
	심야	기본요금	2km까지 4,600원
		거리요금	120원당 132m
		시간요금	120원당 30초
	공통사항		− 시간·거리 부분 동시병산(15.33km/h 미만 시) − 시계외 할증 20% − 심야(00:00 ~ 04:00) 할증 20% − 심야·시계외 중복할증 40%

※ '시간요금'은 속력이 15.33km/h 미만이거나 멈춰 있을 때 적용된다.
※ 서울시에서 다른 지역으로 진입 후 시계외 할증(심야 거리 및 시간요금)이 적용된다.

① 13,800원　　　　　　② 14,000원
③ 14,220원　　　　　　④ 14,500원
⑤ 14,920원

15 S사는 신제품의 품번을 다음과 같은 규칙에 따라 정한다. 제품에 설정된 임의의 영단어가 'INTELLECTUAL'이라면 이 제품의 품번으로 가장 적절한 것은?

〈규칙〉

1단계 : 알파벳 A ~ Z를 숫자 1, 2, 3, …으로 변환하여 계산한다.
2단계 : 제품에 설정된 임의의 영단어를 숫자로 변환한 값의 합을 구한다.
3단계 : 임의의 영단어 속 자음의 합에서 모음의 합을 뺀 값의 절댓값을 구한다.
4단계 : 2단계와 3단계의 값을 더한 다음 4로 나누어 2단계의 값에 더한다.
5단계 : 4단계의 값이 정수가 아닐 경우에는 소수점 첫째 자리에서 버림한다.

① 120　　　　　　② 140
③ 160　　　　　　④ 180
⑤ 200

16 K공사는 공사에서 추진하는 행사에 후원을 받기 위해 행사 시작 전 임원진, 직원, 주주와 협력업체 사람들을 강당에 초대하였다. 다음 〈조건〉을 참고할 때, 후원 행사에 참석한 협력업체 사람들은 모두 몇 명인가?

――――〈조건〉――――
- 강당에 모인 인원은 총 270명이다.
- 전체 인원 중 50%는 차장급 이하 직원들이다.
- 차장급 이하 직원들을 제외한 인원의 20%는 임원진이다.
- 차장급 이하 직원과 임원진을 제외한 나머지 좌석에는 주주와 협력업체 사람들이 1 : 1 비율로 앉아 있다.

① 51명
② 52명
③ 53명
④ 54명
⑤ 55명

17 한 경기장에는 네 개의 탈의실이 있는데 이를 대여할 때는 〈조건〉을 따라야 하며, 이미 예약된 탈의실은 다음과 같다고 한다. 이때 금요일의 빈 시간에 탈의실을 대여할 수 있는 단체를 모두 고르면?

구분	월	화	수	목	금
A	시대		한국		
B	우리			시대	
C			나라		나라
D	한국	시대		우리	

――――〈조건〉――――
- 일주일에 최대 세 번, 세 개의 탈의실을 대여할 수 있다.
- 한 단체가 하루에 두 개의 탈의실을 대여하려면 인접한 탈의실을 대여해야 한다.
- 탈의실은 A – B – C – D 순서대로 직선으로 나열되어 있다.
- 한 단체는 탈의실을 하루에 두 개까지 대여할 수 있다.
- 전날 대여한 탈의실을 똑같은 단체가 다시 대여할 수 없다.

① 나라
② 우리, 나라, 한국
③ 한국, 나라
④ 시대, 한국, 나라
⑤ 우리, 시대

1. **사전 준비**
   - 전체 인원을 4 ～ 7명 정도의 소집단으로 구성한다.
   - 토의한 날짜와 참가한 사람의 이름을 적는다.
   - ⓐ 소집단별로 가능한 일대일로 마주볼 수 있도록 하고, 느긋한 자세로 긴장을 풀게 한다.
   - 소집단별 브레인스토밍 기록지와 필기도구를 나누어 준다.
   - 소집단의 리더를 선정하여 브레인스토밍을 진행하도록 한다.
   - 리더를 중심으로 참여자들이 궁금해 하거나 의문을 가지는 내용, 지켜야 할 규칙, 문제 상황들을 주제나 문자로 선정하도록 한다.
   - 선정된 주제를 가지고 참가자 모두가 의견을 낼 수 있고, 기록자는 어떤 의견이라고 비판하지 말고 반드시 기록해야 한다.

2. **본 활동**
   - 토의를 시작하고 진행한다.
   - 리더는 누군가가 아이디어를 비난하거나 비웃을 때는 경고한다.
   - 리더는 10 ～ 15분 정도 되었을 때, '아이디어 고갈상태'에 이르면 그때까지 나온 내용을 한번 정리해 준다.
   - 각 소집단에서 토의한 내용은 모두 모인 자리에서 읽고, 추가하고 싶은 내용이나 의문점이 있으면 더 발표하게 한다.
   - 아이디어를 내는 데 리더의 참여는 확산적 사고를 할 수 있는 모델이 되며 참여자들이 브레인스토밍 과정을 더욱 즐겁게 할 수 있게 한다.
   - 시간이 종료되어 더 이상 아이디어가 나오지 않게 되면 참여자들의 협조에 감사를 표하고 브레인스토밍의 종료를 알린다.

3. **사후 활동**
   - 평가의 시간을 갖는다.
   - 잠시 후에 나온 아이디어의 의견을 들으면서 종류별로 구분을 하는 것이 좋다.
   - 최종 선택된 아이디어는 실행하기 위한 계획을 세우고 아이디어를 발전시키고 이행하도록 한다.

18 위 절차를 토대로 브레인스토밍을 진행하면서 잘못된 행동을 한 사람은?

① 다른 사람이 의견을 냈을 때 비난하지 않고 경청하는 참가자

② 진행만 하고 아이디어를 내지 않는 리더

③ 최종적으로 선택된 아이디어가 자신이 낸 아이디어가 아니어도 받아들이는 참가자

④ 모든 것을 기록하는 기록자

⑤ 사전에 주제를 잘 분석하고 다양한 아이디어를 산출할 수 있게 하는 방법들을 연구하는 리더

19 위 절차에서 밑줄 친 ⓐ를 수정한 내용으로 가장 적절한 것은?

① 소집단별로 가능한 일렬로 앉아 앞사람의 뒤통수를 바라볼 수 있도록 하고

② 소집단별로 가능한 둥글게 앉아 모든 참여자를 서로 바라볼 수 있도록 하고

③ 소집단별로 가능한 서로를 등지게 앉아 눈을 마주치지 않도록 하고

④ 소집단별로 가능한 옆으로 나란히 앉아 양옆의 사람들끼리만 대화하고

⑤ 소집단별로 가능한 독립적으로 서로의 의견 청취 없이 본인의 의견만 제시하도록 환경을 조성하고

20 S사는 6층 건물의 모든 층을 사용하고 있으며, 건물에는 기획부, 인사 교육부, 서비스개선부, 연구·개발부, 해외사업부, 디자인부가 층별로 위치하고 있다. 다음 〈조건〉을 참고할 때 항상 옳은 것은?(단, 6개의 부서는 서로 다른 층에 위치하며, 3층 이하에 위치한 부서의 직원은 출근 시 반드시 계단을 이용해야 한다)

〈조건〉
- 기획부의 문대리는 해외사업부의 이주임보다 높은 층에 근무한다.
- 인사 교육부는 서비스개선부와 해외사업부 사이에 위치한다.
- 디자인부의 김대리는 오늘 아침 엘리베이터에서 서비스개선부의 조대리를 만났다.
- 6개의 부서 중 건물의 옥상과 가장 가까이에 위치한 부서는 연구·개발부이다.
- 연구·개발부의 오사원이 인사 교육부 박차장에게 휴가 신청서를 제출하기 위해서는 4개의 층을 내려와야 한다.
- 건물 1층에는 회사에서 운영하는 커피숍이 함께 있다.

① 출근 시 엘리베이터를 탄 디자인부의 김대리는 5층에서 내린다.

② 디자인부의 김대리가 서비스개선부의 조대리보다 먼저 엘리베이터에서 내린다.

③ 인사 교육부와 커피숍은 같은 층에 위치한다.

④ 기획부의 문대리는 출근 시 반드시 계단을 이용해야 한다.

⑤ 인사 교육부의 박차장은 출근 시 연구·개발부의 오사원을 계단에서 만날 수 없다.

21 다음 글의 글쓰기 전략으로 가장 적절한 것은?

고객은 제품의 품질에 대해 나름의 욕구를 가지고 있다. 카노는 품질에 대한 고객의 욕구와 만족도를 설명하는 모형을 개발하였다. 카노는 일반적으로 고객이 세 가지 욕구를 가지고 있다고 하였다. 그는 그것을 각각 기본적 욕구, 정상적 욕구, 감동적 욕구라고 지칭했다.

기본적 욕구는 고객이 가지고 있는 가장 낮은 단계의 욕구로, 그들이 구매하는 제품이나 서비스에 당연히 포함되어 있을 것으로 기대되는 특성들이다. 만약 이런 특성들이 제품이나 서비스에 결여되어 있다면, 고객은 예외 없이 크게 불만족스러워 한다. 그러나 기본적 욕구가 충족되었다고 해서 고객이 만족감을 느끼는 것은 아니다. 정상적 욕구는 고객이 직접 요구하는 욕구로, 이 욕구가 충족되지 못하면 고객은 불만족스러워 한다. 그러나 이 욕구가 충족되면 될수록 고객은 만족을 더 많이 느끼게 된다. 감동적 욕구는 고객이 지니고 있는 가장 높은 단계의 욕구로, 고객이 기대하지는 않는 욕구이다. 감동적 욕구가 충족되면 고객은 큰 감동을 느끼지만, 충족되지 않아도 상관없다고 생각한다. 카노는 이러한 고객의 욕구를 확인하기 위해 설문지 조사법을 제안하였다.

세 가지 욕구와 관련하여 고객이 식당에 가는 상황을 생각해 보자. 의자와 식탁이 당연히 깨끗해야 한다고 생각하는 고객은 의자와 식탁이 깨끗하다고 해서 만족감을 느끼지는 않는다. 그러나 그렇지 않으면 그 고객은 크게 불만족스러워 한다. 한편, 식탁의 크기가 적당해야 만족감을 느끼는 고객은 식탁이 좁으면 불만족스러워 한다. 그러나 자신의 요구로 식탁의 크기가 적당해지면 고객의 만족도는 높아진다. 여기에 더해 꼭 필요하지는 않지만 식탁 위에 장미가 놓여 있으면 좋겠다고 생각하는 고객이 실제로 식탁 위에 장미가 놓여 있는 것을 보면, 단순한 만족 이상의 감동을 느낀다. 그러나 이런 것이 없다고 해서 그 고객이 불만족스러워 하지는 않는다.

제품이나 서비스에 대한 고객의 기대가 항상 고정적이지는 않다. 고객의 기대는 시간이 지남에 따라 바뀐다. 즉, 감동적 욕구를 충족시킨 제품이나 서비스의 특성은 시간이 지나면 정상적 욕구를 충족시키는 특성으로, 시간이 더 지나면 기본적 욕구만을 충족시키는 특성으로 바뀐다. 또한, 고객의 욕구는 일정한 단계를 지닌다. 고객의 기본적 욕구를 충족시키지 못하는 제품은 고객의 정상적 욕구를 절대로 충족시킬 수 없다. 마찬가지로 고객의 정상적 욕구를 충족시키지 못하는 제품은 고객의 감동적 욕구를 충족시킬 수 없다.

---

① 구체적인 사례를 들어 독자의 이해를 돕고 있다.

② 대상의 변화 과정과 그것의 문제점을 언급하고 있다.

③ 화제와 관련한 질문을 통해 독자의 관심을 환기하고 있다.

④ 개념 사이의 장단점을 비교하여 차이점을 부각하고 있다.

⑤ 이론이 등장하게 된 사회적 배경을 구체적으로 소개하고 있다.

22 다음 글의 빈칸에 들어갈 내용으로 가장 적절한 것은?

동물들은 홍채에 있는 근육의 수축과 이완을 통해 눈동자를 크게 혹은 작게 만들어 눈으로 들어오는 빛의 양을 조절하므로 눈동자 모양이 원형인 것이 가장 무난하다. 그런데 고양이나 늑대와 같은 육식동물은 세로로, 양이나 염소와 같은 초식동물은 가로로 눈동자 모양이 길쭉하다. 특별한 이유가 있는 것일까?

육상동물 중 모든 육식동물의 눈동자가 세로로 길쭉한 것은 아니다. 주로 매복형 육식동물의 눈동자가 세로로 길쭉한 편이다. 이는 숨어서 기습을 하는 사냥 방식과 밀접한 관련이 있는데, 세로로 길쭉한 눈동자가

_____

일반적으로 매복형 육식동물은 양쪽 눈으로 초점을 맞춰 대상을 보는 양안시로, 각 눈으로부터 얻는 영상의 차이인 양안시차를 하나의 입체 영상으로 재구성하면서 물체와의 거리를 파악한다. 그런데 이러한 양안시차뿐만 아니라 거리지각에 대한 정보를 주는 요소로 심도 역시 중요하다. 심도란 초점이 맞는 공간의 범위를 말하며, 눈동자의 크기에 따라 결정된다. 즉, 눈동자의 크기가 커져 빛이 많이 들어오게 되면 커지기 전보다 초점이 맞는 범위가 좁아진다. 이렇게 초점의 범위가 좁아진 경우를 '심도가 얕다.'라고 하며, 반대인 경우를 '심도가 깊다.'라고 한다.

① 사냥감의 주변 동태를 정확히 파악하는 데 효과적이기 때문이다.
② 사냥감의 움직임을 정확히 파악하는 데 효과적이기 때문이다.
③ 사냥감의 위치를 정확히 파악하는 데 효과적이기 때문이다.
④ 사냥감과의 거리를 정확히 파악하는 데 효과적이기 때문이다.
⑤ 사냥감과의 경로를 정확히 파악하는 데 효과적이기 때문이다.

23 다음 글을 읽고 유추할 수 없는 것은?

최근 온라인에서 '동서양 만화의 차이'라는 제목의 글이 화제가 되었다. 공개된 글에 따르면 동양만화의 대표격인 일본 만화는 대사보다는 등장인물의 표정, 대인관계 등에 초점을 맞춰 이미지나 분위기 맥락에 의존한다. 또 다채로운 성격의 캐릭터들이 등장하고 사건 사이의 무수한 복선을 통해 스토리가 진행된다.

반면, 서양만화를 대표하는 미국 만화는 정교한 그림체와 선악의 확실한 구분, 수많은 말풍선을 사용한 스토리 전개 등이 특징이다. 서양 사람들은 동양 특유의 느긋한 스토리와 말없는 칸을 어색하게 느낀다. 이처럼 동서양 만화의 차이가 발생하는 이유는 동서양이 고맥락 문화와 저맥락 문화로 구분되기 때문이다. 고맥락 문화는 민족적 동질을 이루며 역사, 습관, 언어 등에서 공유하고 있는 맥락의 비율이 높다. 이는 집단주의와 획일성이 발달했다. 일본, 한국, 중국과 같은 한자문화권에 속한 동아시아 국가가 고맥락 문화에 속한다. 반면, 저맥락 문화는 다인종·다민족으로 구성된 미국, 캐나다 등이 대표적이다. 저맥락 문화의 국가는 멤버 간에 공유하고 있는 맥락의 비율이 낮아 개인주의와 다양성이 발달한 문화를 가진다. 이렇듯 고맥락 문화와 저맥락 문화의 만화는 말풍선 안에 대사의 양으로 큰 차이점을 느낄 수 있다.

① 고맥락 문화의 만화는 등장인물의 표정, 대인관계 등 이미지나 분위기 맥락에 의존하는 경향이 있다.
② 저맥락 문화는 멤버 간 공유하고 있는 맥락의 비율이 낮아서 다양성이 발달했다.
③ 동서양 만화를 접했을 때 표면적으로 느낄 수 있는 차이점은 대사의 양이다.
④ 일본 만화는 무수한 복선을 통한 스토리 진행이 특징이다.
⑤ 미국은 고맥락 문화의 대표국으로, 다양성이 발달하는 문화를 갖기에 다채로운 성격의 캐릭터가 등장한다.

24. A ~ C 세 사람은 주기적으로 집안 청소를 한다. A는 6일마다, B는 8일마다, C는 9일마다 청소를 할 때, 세 명이 9월 10일에 모두 같이 청소를 했다면, 다음에 같은 날 청소하는 날은 언제인가?

① 11월 5일
② 11월 12일
③ 11월 16일
④ 11월 21일
⑤ 11월 29일

25. 다음은 K지역 전체 가구를 대상으로 원자력발전소 사고 전·후 식수 조달원 변경에 대해 설문조사한 결과이다. 이에 대한 설명으로 가장 적절한 것은?

〈원자력발전소 사고 전·후 K지역 조달원별 가구 수〉

(단위 : 가구)

사고 후 조달원 / 사고 전 조달원	수돗물	정수	약수	생수
수돗물	40	30	20	30
정수	10	50	10	30
약수	20	10	10	40
생수	10	10	10	40

※ K지역 가구의 식수 조달원은 수돗물, 정수, 약수, 생수로 구성되며, 각 가구는 한 종류의 식수 조달원만 이용한다.

① 사고 전에 식수 조달원으로 정수를 이용하는 가구 수가 가장 많다.
② 사고 전에 비해 사고 후에 이용 가구 수가 감소한 식수 조달원의 수는 3개이다.
③ 사고 전·후 식수 조달원을 변경한 가구 수는 전체 가구 수의 60% 이하이다.
④ 사고 전에 식수 조달원으로 정수를 이용하던 가구는 모두 사고 후에도 정수를 이용한다.
⑤ 각 식수 조달원 중에서 사고 전·후에 이용 가구 수의 차이가 가장 큰 것은 생수이다.

26 다음은 소비자원이 20개 품목의 권장소비자가격과 판매가격 차이를 조사한 자료이다. 이에 대한 설명으로 적절하지 않은 것은?

〈권장소비자가격과 판매가격 차이〉

(단위 : 개, 원, %)

구분	조사 제품 수			권장소비자가격과의 괴리율		
	합계	정상가 판매 제품 수	할인가 판매 제품 수	권장소비자가격	정상가 판매 시 괴리율	할인가 판매 시 괴리율
세탁기	43	21	22	640,000	23.1	25.2
유선전화기	27	11	16	147,000	22.9	34.5
와이셔츠	32	25	7	78,500	21.7	31.0
기성신사복	29	9	20	337,500	21.3	32.3
VTR	44	31	13	245,400	20.5	24.3
진공청소기	44	20	24	147,200	18.7	21.3
가스레인지	33	15	18	368,000	18.0	20.0
냉장고	41	23	18	1,080,000	17.8	22.0
무선전화기	52	20	32	181,500	17.7	31.6
청바지	33	25	8	118,400	14.8	52.0
빙과	19	13	6	2,200	14.6	15.0
에어컨	44	25	19	582,000	14.5	19.8
오디오세트	47	22	25	493,000	13.9	17.7
라면	70	50	20	1,080	12.5	17.2
골프채	27	22	5	786,000	11.1	36.9
양말	30	29	1	7,500	9.6	30.0
완구	45	25	20	59,500	9.3	18.6
정수기	17	4	13	380,000	4.3	28.6
운동복	33	25	8	212,500	4.1	44.1
기성숙녀복	32	19	13	199,500	3.0	26.2

※ $[권장소비자가격과의 괴리율(\%)] = \dfrac{(권장소비자가격) - (판매가격)}{(권장소비자가격)} \times 100$

※ 정상가 : 할인판매를 하지 않는 상품의 판매가격

※ 할인가 : 할인판매를 하는 상품의 판매가격

① 정상가 판매 시 괴리율과 할인가 판매 시 괴리율의 차가 가장 큰 종목은 청바지이다.

② 할인가 판매제품 수가 정상가 판매제품 수보다 많은 품목은 8개이다.

③ 할인가 판매제품 수와 정상가 판매제품 수의 차이가 가장 크게 나는 품목은 라면이다.

④ 권장소비자가격과 정상 판매가격의 격차가 가장 큰 품목은 세탁기이고, 가장 작은 품목은 기성숙녀복이다.

⑤ 할인가 판매 시 괴리율이 40%가 넘는 품목은 2개이다.

27 다음은 의류 생산공장의 생산 코드 부여 방식에 대한 자료이다. 이를 참고할 때 〈보기〉에 해당하지 않는 생산 코드는 무엇인가?

〈의류 생산 코드〉

- 생산 코드 부여 방식
  [종류] – [색상] – [제조일] – [공장지역] – [수량] 순으로 16자리이다.
- 종류

티셔츠	스커트	청바지	원피스
OT	OH	OJ	OP

- 색상

검정색	붉은색	푸른색	노란색	흰색	회색
BK	RD	BL	YL	WH	GR

- 제조일

해당연도	월	일
마지막 두 자리 숫자 예 2023 → 23	01 ~ 12	01 ~ 31

- 공장지역

서울	수원	전주	창원
475	869	935	753

- 수량

100벌 이상 150벌 미만	150장 이상 200벌 미만	200장 이상 250벌 미만	250장 이상	50벌 추가 생산
aaa	aab	aba	baa	ccc

〈예시〉

- 2022년 5월 16일에 수원 공장에서 검정 청바지 170벌을 생산하였다.
- 청바지 생산 코드 : OJBK – 220516 – 869aab

〈보기〉

③ 2021년 12월 4일에 붉은색 스커트를 창원 공장에서 120벌 생산했다.
⑥ 회색 티셔츠를 추가로 50벌을 서울 공장에서 2022년 1월 24일에 생산했다.
⑥ 생산날짜가 2021년 7월 5일인 푸른색 원피스는 창원 공장에서 227벌 생산되었다.
⑥ 흰색 청바지를 전주 공장에서 265벌을 납품일(2022년 7월 23일) 전날에 생산했다.
⑥ 티셔츠와 스커트를 노란색으로 178벌씩 수원 공장에서 2022년 4월 30일에 생산했다.

① OPGR – 220124 – 475ccc
② OJWH – 220722 – 935baa
③ OHRD – 211204 – 753aaa
④ OHYL – 220430 – 869aab
⑤ OPBL – 210705 – 753aba

28 (가) ~ (마) 학생은 〈조건〉에 따라 영어, 수학, 국어, 체육 수업 중 두 개의 수업을 듣는다. 다음 중 (마) 학생이 듣는 수업으로 바르게 짝지어진 것은?

---〈조건〉---
- (가)와 (나) 학생은 영어 수업만 같이 듣는다.
- (나) 학생은 (다), (마) 학생과 수학 수업을 함께 듣는다.
- (다) 학생은 (라) 학생과 체육 수업을 함께 듣는다.
- (가)는 (라), (마) 학생과 어떤 수업도 같이 듣지 않는다.

① 영어, 수학   ② 영어, 국어
③ 수학, 체육   ④ 영어, 체육
⑤ 수학, 국어

29 K공단에서는 직원들의 복리후생을 위해 이번 주말에 무료 요가강의를 제공할 계획이다. 자원관리과에는 A사원, B사원, C주임, D대리, E대리, F과장 6명이 있다. 요가강의에 참여할 직원들에 대한 정보가 다음 〈조건〉과 같을 때, 이번 주말에 열리는 무료 요가강의에 참석할 자원관리과 직원들의 최대 인원은?

---〈조건〉---
- C주임과 D대리 중 한 명만 참석한다.
- B사원이 참석하면 D대리는 참석하지 않는다.
- C주임이 참석하면 A사원도 참석한다.
- D대리가 참석하면 E대리는 참석하지 않는다.
- E대리는 반드시 참석한다.

① 2명   ② 3명
③ 4명   ④ 5명
⑤ 6명

30 A, B 두 여행팀은 다음 정보에 따라 자신의 효용을 극대화하는 방향으로 관광지 이동을 결정한다고 한다. 이때 각 여행팀이 내릴 결정과 두 여행팀의 총효용은 얼마인가?

〈여행팀의 효용정보〉

- A여행팀과 B여행팀이 동시에 오면 각각 10, 15의 효용을 얻는다.
- A여행팀은 왔으나, B여행팀이 안 온다면 각각 15, 10의 효용을 얻는다.
- A여행팀은 안 오고, B여행팀만 왔을 땐 각각 25, 20의 효용을 얻는다.
- A, B여행팀이 모두 오지 않았을 때는 각각 35, 15의 효용을 얻는다.

〈결정방법〉

A, B여행팀 모두 결정할 때 효용의 총합은 신경 쓰지 않는다. 상대방이 어떤 선택을 했는지는 알 수 없고 서로 상의하지 않는다. 각 팀은 자신의 선택에 따른 다른 팀의 효용이 얼마인지는 알 수 있다. 이때 다른 팀의 선택을 예상해서 자신의 효용을 극대화하는 선택을 한다.

	A여행팀	B여행팀	총효용
①	관광지에 간다	관광지에 간다	25
②	관광지에 가지 않는다	관광지에 간다	45
③	관광지에 간다	관광지에 가지 않는다	25
④	관광지에 가지 않는다	관광지에 가지 않는다	50
⑤	관광지에 간다	관광지에 간다	50

※ 다음 글을 읽고 이어지는 질문에 답하시오. [31~32]

K사 마케팅팀의 김사원은 자신의 팀 홍보영상을 간단하게 편집하여 <u>뮤직비디오</u> 형태로 만들고자 한다. 그래서 정보를 검색한 결과, 다양한 프로그램이 나와 어떤 프로그램을 사용할지에 대해 고민하고 있다. 특히 자신은 편집에 대해서 경험이 없기 때문에 간단하게 앞, 뒤를 자르고 음악을 입히는 기능, 화면에 글자가 나오도록 하는 기능만 사용할 수 있으면 좋겠다고 생각하고 있다.

31 다음 〈보기〉 중 김사원이 원하는 방향에 맞도록 활용하기에 적절한 프로그램을 모두 고르면?

─────〈보기〉─────
ㄱ 다음 팟 인코더   ㄴ 무비메이커
ㄷ 프리미어 프로   ㄹ 베가스 프로
ㅁ 스위시 맥스

① ㄱ, ㄴ   ② ㄹ, ㅁ
③ ㄴ, ㄹ   ④ ㄱ, ㄷ
⑤ ㄷ, ㅁ

32 윗글에서 밑줄 친 비디오 데이터에 대한 설명으로 적절하지 않은 것은?

① MS Window의 표준 동영상 파일 형식은 AVI 파일이다.
② 인텔이 개발한 동영상 압축 기술로, 멀티미디어 분야의 동영상 기술로 발전한 것은 DVI이다.
③ MPEG-4와 Mp3를 재조합한 비표준 동영상 파일 형식은 DivX이다.
④ 애플사가 개발한 동영상 압축 기술로, JPEG 방식을 사용하여 Windows에서도 재생이 가능한 것은 MPEG 파일이다.
⑤ Microsoft사에서 개발한 ASF는 인터넷 방송을 위해 사용하는 통합 영상 형식이다.

33 다음 상황에서 B사원이 제시해야 할 해결방안으로 가장 적절한 것은?

> A팀장 : 어제 부탁한 보고서 작성은 다 됐나?
> B사원 : 네, 제 컴퓨터의 '문서' 폴더를 공유해 놓았으니 보고서를 내려받으시면 됩니다.
> A팀장 : 내 컴퓨터의 인터넷은 잘 되는데, 혹시 자네 인터넷이 지금 문제가 있나?
> B사원 : (모니터를 들여다보며) 아닙니다. 잘 되는데요?
> A팀장 : 네트워크 그룹에서 자네의 컴퓨터만 나타나지 않네. 어떻게 해야 하지?

① 공유폴더의 사용권한 수준을 '소유자'로 지정해야 합니다.
② 화면 보호기를 재설정해야 합니다.
③ 디스크 검사를 실행해야 합니다.
④ 네트워크상의 작업 그룹명을 동일하게 해야 합니다.
⑤ 컴퓨터를 다시 시작해야 합니다.

34 다음 프로그램에서 최근 작업 문서를 열 때 사용하는 단축키는?

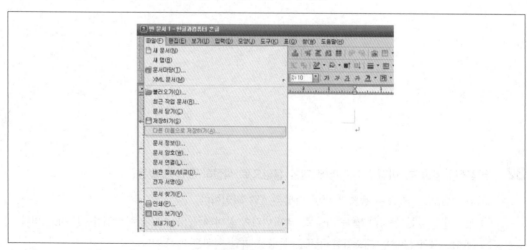

① 〈Alt〉+〈N〉   ② 〈Ctrl〉+〈N〉, 〈M〉
③ 〈Alt〉+〈S〉   ④ 〈Alt〉+〈O〉
⑤ 〈Alt〉+〈F3〉

35 다음 B사원의 답변에서 빈칸 (A), (B)에 들어갈 단축키로 가장 적절한 것은?

> A대리 : B씨, 혹시 파워포인트에서 도형 높이와 너비를 미세하게 조절하고 싶은데 어떻게 해야 하는지 알아
> 요? 이거 도형 크기 조절하기가 쉽지 않네.
>
> B사원 : 네, 대리님. ___(A)___ 버튼과 ___(B)___ 버튼을 같이 누르신 후 화살표 버튼을 누르시면서 크기를 조절
> 하시면 됩니다.

	(A)	(B)
①	〈Ctrl〉	〈Shift〉
②	〈Ctrl〉	〈Alt〉
③	〈Ctrl〉	〈Tab〉
④	〈Alt〉	〈Tab〉
⑤	〈Alt〉	〈Shift〉

36 다음 워크시트와 같이 평점이 3.0 미만인 행 전체에 셀 배경색을 지정하고자 한다. 이를 위해 조건부 서식 설정에서 사용할 수식으로 가장 적절한 것은?

	A	B	C	D
1	학번	학년	이름	평점
2	22959446	2	강혜민	3.38
3	23159458	1	김경식	2.60
4	23059466	2	김병찬	3.67
5	23159514	1	장현정	1.29
6	22959476	2	박동현	3.50
7	23159467	1	이승현	3.75
8	22859447	4	이병훈	2.93
9	22859461	3	강수빈	3.84

① $=\$D2<3$

② $=\$D\&2<3$

⑤ $=D2>3$

③ $=D2<3$

④ $=D\$2<3$

37 다음 중 프로세서 레지스터에 대한 설명으로 가장 적절한 것은?

① 하드디스크의 부트 레코드에 위치한다.

② 하드웨어 입출력을 전담하는 장치로서 속도가 빠르다.

③ 주기억장치보다 큰 프로그램을 실행시켜야 할 때 유용한 메모리이다.

④ 중앙처리장치에서 사용하는 임시기억장치로, 메모리 중 가장 빠른 속도로 접근 가능하다.

⑤ CPU와 주기억장치의 속도 차이 문제를 해결하여 준다.

38 다음 〈보기〉 중 워드프로세서의 표시기능에 대한 설명으로 적절한 것을 모두 고르면?

─────〈보기〉─────

(가) 장평은 문자와 문자 사이의 간격을 의미하며, 장평 조절을 통해 가독성을 높일 수 있다.

(나) 상태표시줄에 표시되는 정보로는 현재 쪽, 단 정보, 현재 쪽 내에서의 커서 위치, 삽입 / 수정 상태를 볼 수 있다.

(다) 문서 작성 시 스크롤바를 이용하여 화면을 상·하로 이동할 수 있으나, 좌·우로는 이동할 수 없다.

(라) 조판 부호는 표나 글상자, 그림, 머리말 등을 기호화하여 표시하는 숨은 문자를 말한다.

① (가), (나)   ② (가), (다)

③ (나), (다)   ④ (나), (라)

⑤ (다), (라)

39 다음 중 워드프로세서의 하이퍼텍스트(Hypertext)에 대한 설명으로 적절하지 않은 것은?

① 문서와 문서가 순차적인 구조를 가지고 있어서 관련된 내용을 차례대로 참조하는 기능이다.

② Windows의 도움말이나 인터넷 웹 페이지에 사용된다.

③ 하이퍼텍스트에서 다른 문서간의 연결을 링크(Link)라고 한다.

④ 하나의 문서를 보다가 내용 중의 특정 부분과 관련된 다른 부분을 쉽게 참조할 수 있다.

⑤ 하이퍼텍스트 구조를 멀티미디어까지 이용 범위를 확장시켜 정보를 활용하는 방법은 하이퍼미디어(Hyper-media)라고 한다.

40 다음은 K회사의 인사부에서 정리한 사원 목록이다. 〈보기〉 중 적절한 것을 모두 고르면?

◢	A	B	C	D
1	사원번호	성명	직책	부서
2	869872	조재영	부장	경영팀
3	890531	정대현	대리	경영팀
4	854678	윤나리	사원	경영팀
5	812365	이민지	차장	기획팀
6	877775	송윤희	대리	기획팀
7	800123	김가을	사원	기획팀
8	856123	박슬기	부장	영업팀
9	827695	오종민	차장	영업팀
10	835987	나진원	사원	영업팀
11	854623	최윤희	부장	인사팀
12	847825	이경서	사원	인사팀
13	813456	박소미	대리	총무팀
14	856123	최영수	사원	총무팀

〈보기〉

㉠ 부서를 기준으로 내림차순으로 정렬되었다.
㉡ 직책은 사용자 지정 목록을 이용하여 부장, 차장, 대리, 사원 순으로 정렬되었다.
㉢ 부서를 우선 기준으로, 직책을 다음 기준으로 정렬하였다.
㉣ 성명을 기준으로 내림차순으로 정렬되었다.

① ㉠, ㉡

② ㉠, ㉢

③ ㉠, ㉣

④ ㉡, ㉢

⑤ ㉡, ㉣

무역회사 K사의 김대리는 3년간 중국의 중소도시에서 파견 근무를 하게 되었다. 파견을 간 지 얼마 되지 않아 중국 현지 파트너사의 담당자 결혼식에 초대를 받게 되었다. 김대리는 붉은 색 원피스에 단정하게 옷을 차려 입고 대표이 사님이 전달하라고 하는 축의금을 평소처럼 하얀색 봉투에 넣어 결혼식에 참석했다.

결혼식에 가서 좀 충격을 받은 점은 사람들의 옷차림이었다. 정장을 입는 사람들은 몇 명 없었고 대부분 일상복 차림 의 하객들이 많았다. 김대리는 속으로 '남의 결혼식에 너무 편안한 차림으로 오는 게 아닌가? 예의가 좀 없는 사람들 이네.'라고 생각했다. 하객 테이블에는 선물로 예쁜 상자가 놓여 있었다. 상자를 열어보니 사탕이 들어 있었다. '무슨 결혼식에서 선물로 사탕을 주냐.'라고 생각하며 김대리는 좀 실망하게 되었다.

결혼식이 끝나고 김대리는 다른 팀에 근무하는 동료이자 현지 통역사인 왕대리와 차를 한 잔 마시며 이해가 가지 않는 중국 문화에 대해 물어보게 되었다.

41 다음 중 김대리가 중국 현지 결혼식에 참석하여 보고 느낀 점에 대한 설명으로 적절하지 않은 것은?

① 한 문화권에 속한 사람이 다른 문화를 접하게 되었을 때 체험하는 충격이다.

② 불일치, 위화감, 심리적 부적응 상태를 경험하게 된다.

③ '문화 충격' 또는 '컬쳐 쇼크'라고 이야기한다.

④ 자신의 관점으로 다른 문화를 평가하고 자신의 정체성을 유지하면 된다.

⑤ 새로 접한 문화에 대해 파악하려 하는 적극적 자세가 요구된다.

42 다음 중 김대리가 중국에서의 사업과 생활을 위해 필요한 자세로 적절하지 않은 것은?

① 중국인들의 상황에 따른 복식 문화 이해

② 유창한 중국어 학습만을 통한 문화 차이 극복

③ 중국인들의 생활 속에서 사용하는 색의 의미 이해

④ 중국인들의 가치관과 생활양식에 대한 개방적인 태도

⑤ 중국인들의 관혼상제 등에 대한 문화적 배경 이해

43 다음은 문화적 커뮤니케이션에 대한 설명이다. 빈칸에 들어갈 단어를 바르게 나열한 것은?

직업인이 외국인과 함께 일하는 국제 비즈니스에서는 커뮤니케이션이 매우 중요하다. 직업인은 자신이 속한 조직의 목적을 달성하기 위해 외국인을 설득하거나 이해시켜야 한다. 이와 같이 서로 상이한 문화 간 커뮤니케이션을 ____㉠____ 이라고 한다. 반면에 ____㉡____ 은 국가 간의 커뮤니케이션으로 직업인이 자신의 일을 수행하는 가운데 문화배경을 달리하는 사람과 커뮤니케이션을 하는 것은 ____㉠____ 에 해당된다.

____㉠____ 은 언어적과 비언어적으로 구분된다. 언어적 커뮤니케이션은 의사를 전달할 때 직접적으로 이용되는 것으로, 외국어 사용능력과 직결된다. 그러나 국제관계에서는 이러한 언어적 커뮤니케이션 외에 비언어적 커뮤니케이션 때문에 여러 가지 문제를 겪는 경우가 많다. 즉, 아무리 외국어를 유창하게 하는 사람이라고 하더라도 문화적 배경을 잘 모르면 언어에 내포된 의미를 잘못 해석하거나 수용하지 않을 수도 있다. 또한, 대접을 잘 하겠다고 한 행동이 오히려 모욕감이나 당혹감을 주는 행동으로 비춰질 수도 있다. 따라서 국제사회에서 성공적인 업무 성과를 내기 위해서는 외국어활용능력을 키우는 것뿐만 아니라 상대국의 문화적 배경에 입각한 생활양식, 행동규범, 가치관 등을 사전에 이해하기 위한 노력을 지속적으로 기울여야 한다.

	㉠	㉡
①	비공식적 커뮤니케이션	공식적 커뮤니케이션
②	이문화 커뮤니케이션	국제 커뮤니케이션
③	이문화 커뮤니케이션	국가 커뮤니케이션
④	다문화 커뮤니케이션	국제 커뮤니케이션
⑤	다문화 커뮤니케이션	공식적 커뮤니케이션

44 다음 글을 가장 잘 이해한 것은 무엇인가?

총무부는 회사에 필요한 사무용품을 대량으로 주문하였다. 주문서는 메일로 보냈는데, 배송 온 사무용품을 확인하던 중 책꽂이의 수량과 연필꽂이의 수량이 바뀌어서 배송된 것을 알았다. 주문서를 보고 주문한 수량을 한번 더 확인한 후 바로 문구회사에 전화를 하니 상담원은 처음 발주한 수량대로 제대로 보냈다고 한다. 메일을 확인해보니 수정 전의 파일이 발송되었다.

① 문구회사는 주문서를 제대로 보지 못하였다.
② 주문서는 메일로 보내면 안 된다.
③ 메일에 자료를 첨부할 때는 꼼꼼히 확인하여야 한다.
④ 책꽂이는 환불을 받는다.
⑤ 연필꽂이의 수량이 책꽂이보다 많았다.

근무시간 대비 업무 생산성, 야근, 잔업으로 인한 조직구성원의 만족도가 낮다고 평가되던 유통기업 K사는 주 52시간 근무제에 맞추어 업무몰입도 향상을 위해 집중근무제를 도입하였다. 업무 효율성과 생산성을 높이고 구성원의 삶의 질을 향상시키고 스트레스를 관리하여 조직 만족도를 높이는 것을 목표로 하고 이를 실행했다.

출근 후 오전 10 ~ 12시까지는 회의를 할 수 없고 개인 업무에만 집중하도록 하고 있다. 또한, PC오프제를 도입하여 퇴근 시간에 자동으로 업무용 PC가 꺼지도록 설정함으로써 사전 결제를 받지 않은 야근을 금지하고 정해진 퇴근 시간을 지키도록 독려했으며, 퇴근 후 자기개발 활동비를 직급별로 지급했다.

도입 6개월 후, K사 인사팀 조사결과 긍정적인 효과가 크게 나타났다. 구성원들은 퇴근 후 여가 시간을 활용할 수 있어 삶의 질 향상과 스트레스 관리에 많은 도움이 된 것으로 확인되었다. 또한, 집중근무제를 통해 업무 방해 요인을 일정 부분 통제하고 업무 몰입 및 개인 업무를 관리하는 데 많은 도움이 되었다는 조사 결과를 얻었다.

45 다음 중 집중근무제와 PC오프제를 통해 K사가 얻은 효과로 적절하지 않은 것은?

① 업무에 대한 몰입도가 향상되었다.
② 야근으로 인한 업무 스트레스가 감소되었다.
③ 휴식 시간이 감소하여 업무에 대한 피로도가 증가했다.
④ 불필요한 회의가 줄어 개인 업무에 집중할 수 있게 되었다.
⑤ 퇴근 후 여가 시간을 활용할 수 있어 삶의 질이 향상되었다.

46 다음 중 K사가 구성원들의 스트레스 관리를 위한 제도를 실행한 이유로 적절하지 않은 것은?

① 과중한 업무 스트레스는 개인과 조직 모두에 부정적인 결과를 가져 오기 때문이다.
② 스트레스는 번아웃, 우울증 등 정신적, 신체적 질병에 이르게 하는 원인이 되기 때문이다.
③ 스트레스 자체가 개인의 능력 개선이나 성과 향상에 도움이 되지 않기 때문이다.
④ 전문가의 도움과 사회적 관계 형성을 통해 스트레스는 관리될 수 있는 요인이기 때문이다.
⑤ 구성원들과 조직의 만족도를 높이는 것이 목표이기 때문이다.

47 A씨는 업무상 만난 외국인 파트너와 식사를 하였다. A씨가 한 다음의 행동 중 예절에 어긋나는 것은?

① 포크와 나이프를 바깥쪽에 있는 것부터 사용했다.

② 빵을 손으로 뜯어 먹었다.

③ 커피를 마실 때 손가락을 커피잔 고리에 끼지 않았다.

④ 수프를 숟가락으로 저으면 소리가 날까 봐 입김을 불어 식혔다.

⑤ 스테이크를 잘라가면서 먹었다.

48 다음 체크리스트의 성격을 볼 때, (A)에 추가적으로 들어갈 내용으로 가장 적절한 것은?

No.	항목	현재능력				
		매우 낮음	낮음	보통	높음	매우 높음
1	경쟁국 업체의 주요 현황을 알고 있다.	①	②	③	④	⑤
2	다른 나라의 문화적 차이를 인정하고 이에 대해 개방적인 태도를 견지하고 있다.	①	②	③	④	⑤
3	현재 세계의 정치적 이슈가 무엇인지 잘 알고 있다.	①	②	③	④	⑤
4	업무와 관련된 최근 국제이슈를 잘 알고 있다.	①	②	③	④	⑤
5	(A)	①	②	③	④	⑤

① 분기별로 고객 구매 데이터를 분석하고 있다.

② 업무와 관련된 국제적인 법규를 이해하고 있다.

③ 인사 관련 경영 자료의 내용을 파악하고 있다.

④ 자신의 연봉과 연차수당을 계산할 수 있다.

⑤ 구성원들의 제증명서를 관리하고 발급할 수 있다.

국내 자동차 회사인 K사는 최근 유럽시장에 대형 SUV차량인 H9을 출시했다. 유럽 SUV시장은 A사의 F3로 대표되는 소형 SUV시장과 C사의 R4로 대표되는 준중형 SUV시장으로 양분되어 있었다. 유럽 자동차 회사들이 대형 SUV를 출시하지 않은 것은 유럽의 도로 여건과 법규, 실용성을 중시하는 소비자의 특성 때문이었다.

H9의 출시로 국내시장에서 큰 성공을 거둔 K사는 유럽시장 출시와 함께 대대적인 마케팅 활동을 결정하고 막대한 자금을 투자했다. 또한, 차량의 성능과 디자인을 중심으로 하는 기존 유럽 자동차 광고들과는 달리, 국내 자동차 광고처럼 유명 연예인 모델을 기용해 미디어 매체에 광고를 했다.

출시 6개월 후, 유럽 자동차 잡지들은 소비자 마케팅 조사 결과를 언급하며 그 해 최악의 신차로 H9을 선정했다. 판매량은 바닥을 쳤고, K사는 내부적으로 H9을 대체할 다음 신차를 논의할 수밖에 없는 상황에 이르렀다.

49 다음 중 K사의 H9이 유럽시장에서 실패한 원인으로 적절하지 않은 것은?

① 국내시장의 소비 패턴이 유럽에도 적용될 것이라고 생각했다.
② 해외 소비자에 대한 광고 트렌드를 면밀히 파악하지 못했다.
③ 해외 소비자의 특성을 정확하게 이해하지 못했다.
④ 해외 신차 출시와 함께 대대적인 마케팅 활동을 펼쳤다.
⑤ 현지 도로 여건과 같은 인프라나 법규 등을 감안하지 않았다.

50 다음 중 H9의 해외 진출 실패에 대한 시사점으로 적절하지 않은 것은?

① 해외 진출 시 현지 도로 여건 등 인프라를 감안해야 한다.
② 해외시장에 대형 SUV가 보급되기에는 시기상조이다.
③ 출시에 앞서 현지 소비자의 특성을 면밀히 조사해야 한다.
④ 현지 자동차 관련 규제 및 법규에 대해 파악해야 한다.
⑤ 해외 현지의 광고 트렌드를 분석해야 한다.

신용보증기금&
기술보증기금
정답 및 해설

온라인 모의고사 무료쿠폰

쿠폰 번호	NCS통합 **ABIP-00000-DC6CA**
	신용보증기금 NCS **AONK-00000-586D6**
	기술보증기금 NCS **AONL-00000-FAEB1**

[쿠폰 사용 안내]

1. 합격시대 홈페이지(www.sdedu.co.kr/pass_sidae_new)에 접속합니다.
2. 홈페이지 상단 '1회 무료 이용권 제공' 배너를 클릭하고, 쿠폰번호를 등록합니다.
3. 내강의실 > 모의고사 > 합격시대 모의고사를 클릭하면 응시 가능합니다.
※ 본 쿠폰은 등록 후 30일간 이용 가능합니다.
※ iOS / macOS 운영체제에서는 서비스되지 않습니다.

무료NCS특강 쿠폰

쿠폰번호 REW-92779-16363

[쿠폰 사용 안내]

1. 시대에듀 홈페이지(www.sdedu.co.kr)에 접속합니다.
2. 상단 카테고리 「이벤트」를 클릭합니다.
3. 「NCS 도서구매 특별혜택 이벤트」를 클릭한 후 쿠폰번호를 입력합니다.
※ 해당 강의는 본 도서를 기반으로 하지 않습니다.

AI면접 1회 무료쿠폰

쿠폰번호 OPE3-00000-D091D

[쿠폰 사용 안내]

1. WIN시대로(www.winsidaero.com)에 접속합니다.
2. 회원가입 후 상단 카테고리 「이벤트」를 클릭합니다.
3. 쿠폰번호를 입력 후 [마이페이지]에서 이용권을 사용하여 면접을 실시합니다.
※ 무료쿠폰으로 응시한 면접에는 제한된 리포트가 제공됩니다.
※ 본 쿠폰은 등록 후 7일간 이용 가능합니다.

제1회 모의고사 정답 및 해설

01	02	03	04	05	06	07	08	09	10
②	④	③	①	④	②	⑤	④	④	④
11	12	13	14	15	16	17	18	19	20
②	②	④	③	①	⑤	⑤	③	④	③
21	22	23	24	25	26	27	28	29	30
④	③	⑤	②	②	②	③	②	②	④
31	32	33	34	35	36	37	38	39	40
②	①	②	①	②	②	①	④	②	③
41	42	43	44	45	46	47	48	49	50
②	①	④	②	③	②	①	②	①	⑤

01
정답 ②

원활한 의사표현을 위해서는 긍정과 공감에 초점을 둔 의사표현 기법을 습득해야 한다. 상대방의 말을 그대로 받아서 맞장구를 치는 것은 상대방에게 공감을 보여주는 가장 쉬운 방법이다.

오답분석

① 상대방의 말이 채 끝나기 전에 어떤 답을 할까 궁리하는 것은 주의를 분산시켜 경청에 몰입하는 것을 방해한다.
③ 핵심은 구체적으로 짚되, 표현은 가능한 간결하게 하도록 하는 것이 바람직한 의사표현법이다.
④ 이견이 있거나 논쟁이 붙었을 때는 무조건 앞뒤 말의 '논리적 개연성'만 따지지 않고 이성과 감성의 조화를 통해 문제를 해결해야 한다.
⑤ 장점은 자신이 부각한다고 해서 공식화되지 않고, 오히려 자신의 단점과 실패 경험을 앞세우면 더 많은 지지자를 얻을 수 있다.

02
정답 ④

우리나라의 낮은 장기 기증률은 전통적 유교 사상 때문이라고 주장하고 있는 A와 달리, B는 이에 대하여 다양한 원인을 제시하고 있다. 따라서 A의 주장에 대해 반박할 수 있는 내용으로 ④가 적절하다.

03
정답 ③

제시문은 빈곤 지역의 문제 해결을 위해 도입된 적정기술에 대한 내용이다. 따라서 '(나) 적정기술에 대한 정의 → (가) 현지에 보급된 적정기술의 성과에 대한 논란 → (라) 적정기술 성과 논란의 원인 → (다) 빈곤 지역의 문제 해결을 위한 방안'의 순서로 나열하는 것이 적절하다.

04
정답 ①

건강하던 수험생의 건강이 나빠진 상황에서 다시 예전의 상태로 되돌아가려는 것이므로 '찾다'보다 '되찾다'가 더 적절하다.

05
정답 ④

세 번째 문단에서 '상품에 응용된 과학 기술이 복잡해지고 첨단화되면서 상품 정보에 대한 소비자의 정확한 이해도 기대하기 어려워졌다.'라는 내용과 일맥상통한다.

06
정답 ②

500kV HVDC 가공송전선로는 국내에서 최초로 시도되며 관련 기자재의 국산화를 위해서 대부분 신규로 개발되었다. 실증선로에서 기자재의 설치와 운영을 통해 설계를 검증하고 발견한 문제점을 개선해 나가고 있으므로 수입기자재에 의존하고 있다는 내용은 적절하지 않다.

오답분석

① 직류 송전선로 주변에서는 '코로나 소음, 이온류, 전계, TV와 라디오 전파 장애'와 같은 사회적 민원을 야기할 수 있는 전기환경장애 등이 나타날 수 있다. 따라서 이러한 데이터를 측정 분석해 연구결과를 실제 선로 설계에 반영한다.
③ 운영 시 발생할 수 있는 각종 사고나 예방정비활동과 관련해 운영기술 및 절차서 수립을 위해 직류 송전선로 활선공법, 직류애자 세정기술, 작업자 보호복 개발과 같은 관련 연구를 함께 수행하고 있다.
④ 공기절연거리는 상시 전류가 흐르는 도체와 주변 물체 간에 전기적 안정성을 위한 최소 이격 거리를 말한다.
⑤ 전기환경장애 데이터 측정 시 다양한 기후 조건에서 장기간 수집된 전기환경장애 데이터를 분석해 실제 선로 설계에 반영한다.

07
정답 ⑤

엑셀로드는 팃포탯 전략이 두 차례 모두 우승할 수 있었던 이유가 비열한 전략에는 비열한 전략으로 대응했기 때문임을 알게 되었다고 마지막 문단에서 언급하고 있다.

오답분석

① 네 번째 문단에 의하면 팃포탯을 만든 것은 심리학자인 아나톨 라포트 교수이다.
② 두 번째 문단에 의하면 죄수의 딜레마에서 자신의 이득이 최대로 나타나는 경우는 내가 죄를 자백하고 상대방이 죄를 자백하지 않는 것이다.
③ · ④ 다섯 번째 문단에서 엑셀로드는 팃포탯을 친절한 전략으로 분류했음을 확인할 수 있다.

08
정답 ④

기본요금을 x원, 1kWh당 단위요금을 y원이라고 하자.
$x+60y=15,000 \cdots ㉠$
$x+90y+20\times1.2y=42,000 \rightarrow x+114y=42,000 \cdots ㉡$
㉡-㉠을 하면 $54y=27,000$
$\therefore y=500$
따라서 1kWh당 단위요금에 20% 가산한 금액은 $500\times1.2=600$원이다.

09
정답 ④

아버지의 나이를 x세, 형의 나이를 y세라고 하자.
동생의 나이는 $(y-2)$세이므로 $y+(y-2)=40 \rightarrow y=21$
어머니의 나이는 $(x-4)$세이므로
$x+(x-4)=6\times21 \rightarrow 2x=130$
$\therefore x=65$

10
정답 ④

500g의 설탕물에 녹아있는 설탕의 양을 xg이라고 하자.
3%의 설탕물 200g에 들어있는 설탕의 양은 $\dfrac{3}{100}\times200=6$g이다.
$\dfrac{x+6}{500+200}\times100=7 \rightarrow x+6=49$
$\therefore x=43$

11
정답 ②

전체 도수가 40이므로 a의 값은 $40-(3+4+9+12)=40-28=12$이다. 따라서 교육 이수 시간이 40시간 이상인 직원은 $12+a=24$명이다. 그러므로 뽑힌 직원의 1년 동안 교육 이수 시간이 40시간 이상일 확률은 $\dfrac{24}{40}=\dfrac{3}{5}$이다.

12
정답 ②

자료의 분포는 B상품이 더 고르지 못하므로 표준편차는 B상품이 더 크다.

오답분석

① • A : $60+40+50+50=200$
　 • B : $20+70+60+51=201$
③ 봄 판매량의 합은 80으로 가장 적다.
④ 시간이 지남에 따라 둘의 차는 점차 감소한다.
⑤ B상품의 판매량은 여름에 가장 많다.

13
정답 ④

각 연령대를 기준으로 남성과 여성의 인구비율을 계산하면 다음과 같다.

구분	남성	여성
0 ~ 14세	$\dfrac{323}{627}\times100 \fallingdotseq 51.5\%$	$\dfrac{304}{627}\times100 \fallingdotseq 48.5\%$
15 ~ 29세	$\dfrac{453}{905}\times100 \fallingdotseq 50.1\%$	$\dfrac{452}{905}\times100 \fallingdotseq 49.9\%$
30 ~ 44세	$\dfrac{565}{1,110}\times100 \fallingdotseq 50.9\%$	$\dfrac{545}{1,110}\times100 \fallingdotseq 49.1\%$
45 ~ 59세	$\dfrac{630}{1,257}\times100 \fallingdotseq 50.1\%$	$\dfrac{627}{1,257}\times100 \fallingdotseq 49.9\%$
60 ~ 74세	$\dfrac{345}{720}\times100 \fallingdotseq 47.9\%$	$\dfrac{375}{720}\times100 \fallingdotseq 52.1\%$
75세 이상	$\dfrac{113}{309}\times100 \fallingdotseq 36.6\%$	$\dfrac{196}{309}\times100 \fallingdotseq 63.4\%$

남성 인구가 40% 이하인 연령대는 75세 이상(36.6%)이며, 여성 인구가 50% 초과 60% 이하인 연령대는 60 ~ 74세(52.1%)이다. 따라서 ④가 적절하다.

14
정답 ③

(단위 : 만 명)

구분	농업	광공업	서비스업	합계
2012년도	150	y		1,550
2022년도	x	300		2,380

• 2012년 대비 2022년도 농업 종사자의 증감률
　: $\dfrac{x-150}{150}\times100=-20 \rightarrow x=120$
• 2012년 대비 2022년도 광공업 종사자의 증감률
　: $\dfrac{300-y}{y}\times100=20 \rightarrow y=250$
• 2012년도 서비스업 종사자 수
　: $1,550-(150+250)=1,150$만 명
• 2022년도 서비스업 종사자 수
　: $2,380-(120+300)=1,960$만 명
따라서 2022년도 서비스업 종사자는 2012년에 비해 $1,960-1,150=810$만 명이 더 증가했다.

15
정답 ①

각각의 정보를 수식으로 비교해 보면 다음과 같다.

A>B, D>C, F>E>A, E>B>D

∴ F>E>A>B>D>C

16
정답 ⑤

두 번째 조건에 따르면 여자 직원 중 1명은 반드시 제외되어야 하므로 1명의 남자 직원과 3명의 여자 직원은 한 팀으로 구성될 수 없다. 또한, 세 번째 조건과 다섯 번째 조건에 따르면 가훈, 나훈 중 적어도 한 사람을 뽑을 경우 라훈, 소연을 뽑아야 하고, 소연을 뽑으면 모연을 반드시 함께 뽑아야 하므로 전담팀은 남자 직원 4명으로만 구성될 수 없으며, 남자 직원 3명과 여자 직원 1명으로도 구성될 수 없다. 따라서 전담팀은 남자 직원 2명, 여자 직원 2명으로만 구성될 수 있다. 네 번째 조건과 다섯 번째 조건에 따르면 다훈을 뽑을 경우 모연, 보연, 소연을 모두 뽑을 수 없으므로 다훈을 팀원으로 뽑을 수 없다(∵ 남자 직원 4명으로만 팀이 구성될 수 없다).

주어진 모든 조건을 고려하여 구성할 수 있는 전담팀은 다음과 같다.
1) 가훈, 라훈, 소연, 모연
2) 나훈, 라훈, 소연, 모연

따라서 전담팀은 남녀 각각 동일한 수 2명으로 구성되며(ㄱ), 다훈과 보연은 둘 다 팀에 포함되지 않는다(ㄴ). 또한, 라훈과 모연은 둘 다 반드시 팀에 포함된다(ㄷ).

17
정답 ⑤

신대리가 회의를 진행할 수 있는 시간은 야근 종료시간인 22시(해외업체 12시)까지이고, 해외업체의 근무 시작 시간인 한국 시간 19시(해외업체 9시)부터 해외업체 담당자와 회의시간을 정할 수 있다.

18
정답 ③

해외업체 담당자가 현지 시간으로 4월 6일 12시(한국 시간 밤 10시)까지 자료를 보내달라고 하였고, 신대리는 4월 6일 한국 시간으로 오후 7시에 자료준비를 시작하여 해외업체 담당자가 요청한 시간인 한국 시간으로 밤 10시에 제출했다. 신대리는 자료를 4월 6일 오후 7시부터 시작해서 같은 날 밤 10시에 제출했으므로 이에 소요된 시간은 3시간이다.

19
정답 ④

한 분야의 모든 사람이 한 팀에 들어갈 수는 없다는 조건이 있으므로 가와 나는 한 팀이 될 수 없다.

오답분석

① 갑과 을이 한 팀이 되는 것과 상관없이 한 분야의 모든 사람이 한 팀에 들어갈 수는 없기 때문에 가와 나는 반드시 다른 팀이어야 한다.

② 두 팀에 남녀가 각각 2명씩 들어갈 수도 있지만, (남자 셋, 여자 하나), (여자 셋, 남자 하나)의 경우도 있다.

③ a와 c는 성별이 다르기 때문에 같은 팀에 들어갈 수 있다.

⑤ 주어진 조건에 따라 배치하면, c와 갑이 한 팀이 되면 한 팀의 인원이 5명이 된다.

20
정답 ③

조건을 충족하는 경우를 표로 나타내면 다음과 같다.

A	B	C	D
주황색	남색 또는 노란색	빨간색	남색 또는 노란색
파란색	보라색		
	초록색		

조건에서 A - 주황색, C - 빨간색, B - 초록색(∵ B는 C의 구두와 보색관계의 구두), B·D - 남색 또는 노란색 중 각각 하나씩(∵ B와 D는 빨간색 - 초록색을 제외한 나머지 보색 조합인 노란색 - 남색 중 각각 하나씩을 산다)임을 알 수 있다. 또한, B, D는 파란색을 싫어하므로 A나 C가 파란색을 사야 한다. 그러나 C가 두 켤레를 사게 되면 A는 한 켤레만 살 수 있으므로 조건에 어긋나기에 A가 파란색을 산다. 또한, C나 D가 보라색을 사면 네 번째 조건을 충족할 수 없으므로, B가 보라색을 산다.

따라서 A는 주황색을 제외하고 파란색 구두를 샀음을 알 수 있다.

21
정답 ④

B대리는 A사원의 질문에 대해 명료한 대답을 하지 않고 모호한 태도를 보이고 있으므로 협력의 원리 중 태도의 격률을 어기고 있음을 알 수 있다.

22
정답 ③

제시문에서는 개념을 이해하면서도 개념의 사례를 식별하지 못하는 경우와 개념의 사례를 식별할 수 있으나 개념을 이해하지 못하는 경우를 통해 개념의 사례를 식별하는 능력과 개념을 이해하는 능력은 서로 필요충분조건이 아니라고 주장한다. 이런 제시문의 주장과 달리 ③은 개념을 이해하지 못하면 개념의 사례를 식별하지 못하는 인공지능의 사례로, 오히려 개념의 사례를 식별해야만 개념을 이해할 수 있다는 주장을 강화한다. 따라서 제시문의 논지를 약화하는 것으로 ③이 가장 적절하다.

오답분석

① 개념을 이해하지 못해도 개념의 사례를 식별할 수 있다는 사례로, 논지를 강화한다.

② 개념의 사례를 식별할 수 있으나 개념을 이해하지 못할 수 있다는 사례로, 논지를 강화한다.

④ 침팬지가 정육면체 상자를 구별하는 것이 아니라 숨겨진 과자를 찾아내는 사례로, 제시문의 내용과 관련이 없다.

⑤ 개념의 사례를 식별할 수 없어도 개념을 이해할 수 있다는 사례로, 논지를 강화한다.

23 정답 ⑤

제시문에서는 우리말과 영어의 어순 차이에 대해 설명하면서, 우리말에서 주어 다음에 목적어가 오는 것은 '나의 의사보다 상대방에 대한 관심을 먼저 보이는 우리의 문화'에서 기인한 것이라고 언급하고 있다. 그리고 '나의 의사를 밝히는 것이 먼저인 영어를 사용하는 사람들의 문화'라는 내용으로 볼 때, 상대방에 대한 관심보다 나의 생각을 우선시하는 것은 영어의 문장 표현이다.

24 정답 ②

직사각형의 넓이는 (가로)×(세로)이므로 넓이를 $\frac{1}{3}$ 이하로 작아지게 하려면 길이를 $\frac{1}{3}$ 이하로 줄이면 된다. 따라서 가로의 길이를 10cm 이하가 되게 하려면 최소 20cm 이상 줄여야 한다.

25 정답 ④

D는 현재 4,100만 원을 받을 수 있지만 10년을 더 근무하면 8,300만 원을 받을 수 있다.

오답분석

① 월별연금 지급액 100개월 치를 더하면 5,000만 원이지만 일시불연금 지불액은 4,150만 원으로 더 적다.
② A의 일시불연금 지급액은 4,150만 원이고, D는 4,100만 원이다.
③ C의 월별연금 지급액은 84만 원이지만 B는 80만 원이다. 하지만 초과규정 때문에 C도 80만 원을 받는다.
⑤ A가 받는 월별연금 지급액은 50만 원으로, 최종평균 보수월액의 80%인 80만 원보다 적다.

26 정답 ②

A ~ D가 외화 환전으로 얻은 이익은 다음과 같다.

• A
 － 1월 1일에 300달러 환전에 사용된 원화는 1,180×300＝354,000원이다.
 － 3월 23일 받은 원화는 1,215×100＝121,500원이고, 6월 12일에 받은 원화는 1,190×200＝238,000원이다.
 － 사용한 원화가 354,000원이고, 받은 원화가 359,500원이므로 이익은 5,500원이다.

• B
 － 1월 1일에 3,000엔 환전에 사용된 원화는 1,090×30＝32,700원이다.
 － 3월 23일 받은 원화는 1,105×10＝11,050원이고, 6월 12일에 받은 원화는 1,085×20＝21,700원이다.
 － 사용한 원화가 32,700원이고, 받은 원화가 32,750원이므로 이익은 50원이다.

• C
 － 1월 1일에 1,000위안 환전에 사용된 원화는 165×1,000＝165,000원이다.
 － 3월 23일 받은 원화는 175×300＝52,500원이고, 6월 12일에 받은 원화는 181×700＝126,700원이다.
 － 사용한 원화가 165,000원이고, 받은 원화가 179,200원이므로 이익은 14,200원이다.

• D
 － 1월 1일에 400유로 환전에 사용된 원화는 1,310×400＝524,000원이다.
 － 3월 23일 받은 원화는 1,370×200＝274,000원이고, 6월 12일에 받은 원화는 1,340×200＝268,000원이다.
 － 사용한 원화가 524,000원이고, 받은 원화가 542,000원이므로 이익은 18,000원이다.

따라서 최대 이익(D)과 최소 이익(B)의 차는 18,000－50＝17,950원이다.

27 정답 ③

• (가) : 외부의 기회를 활용하면서 내부의 강점을 더욱 강화시키는 SO전략에 해당한다.
• (나) : 외부의 기회를 활용하여 내부의 약점을 보완하는 WO전략에 해당한다.
• (다) : 외부의 위협을 회피하며 내부의 강점을 적극 활용하는 ST전략에 해당한다.
• (라) : 외부의 위협을 회피하고 내부의 약점을 보완하는 WT전략에 해당한다.

28 정답 ④

보기의 자료에 대하여 생산한 공장을 기준으로 분류할 경우 중국, 필리핀, 멕시코, 베트남, 인도네시아 5개로 분류할 수 있다.

29 정답 ②

생산한 시대를 기준으로 생산연도가 잘못 표시된 경우
• CY87068506(1990년대)
• VA27126459(2010년대)
• MY03123268(1990년대)
• CZ11128465(2000년대)
• MX95025124(1980년대)
• VA07107459(2010년대)
• CY12056487(1990년대)
1 ~ 12월의 번호인 01 ~ 12 번호가 아닌 경우
• VZ08203215
• IA12159561
• CZ05166237
• PZ04212359
따라서 잘못 기입된 시리얼 번호는 11개이다.

30 정답 ④

조건을 정리하면 다음과 같다.

구분	족두리	치마	고무신
콩쥐	파란색 / 검은색	빨간색	노란색 (파란색×)
팥쥐	빨간색	파란색 (노란색×)	검은색
향단	검은색 / 파란색	노란색 (검은색×)	빨간색
춘향	노란색 (빨간색×)	검은색 (빨간색×)	파란색 (빨간색×)

콩쥐가 빨간색 치마를 입으므로 남은 파란색, 노란색, 검은색 치마는 나머지 사람들이 나눠 입는다. 팥쥐는 노란색 치마를 싫어하고 검은색 고무신을 선호하므로 파란색 치마를 배정받고, 향단은 검은색 치마를 싫어하므로 노란색 치마를 배정받는다. 따라서 남은 검은색 치마는 춘향이 배정받게 된다.

31 정답 ②

바이러스나 해킹 프로그램 방지를 위해 항시 백신 프로그램을 실행해 실시간 보호를 해야 하며, 주기적인 검사도 실시해야 한다.

오답분석
① 의심 가는 이메일은 열어보지 말고 바로 삭제하도록 한다.
③ 백신 프로그램은 자동 업데이트를 설정하여 새로운 바이러스나 해킹을 예방해야 한다.
④ 회원 가입한 사이트의 패스워드는 유추하기 쉬운 비밀번호는 사용을 자제하고 주기적으로 변경해야 한다.
⑤ 처음에 구입비용을 아끼려고 불법 소프트웨어를 사용하다가는 해킹이나 단속 등으로 더 큰 유지비용이 발생할 수 있고 업데이트의 서비스 제공도 받을 수 없다.

32 정답 ①

지식이란 어떤 특정한 목적을 달성하기 위해 과학적으로 구체화된 정보가 아닌 추상화된 정보를 뜻한다.
• 자료 : 정보 작성을 위하여 필요한 데이터를 말하는 것으로, 이는 '아직 특정의 목적에 대하여 평가되지 않은 상태의 숫자나 문자들의 단순한 나열'을 뜻한다.
• 정보 : 자료를 일정한 프로그램에 따라 컴퓨터가 처리・가공함으로써 '특정한 목적을 달성하는 데 필요하거나, 유의미한 자료'를 가리킨다.
• 지식 : '어떤 특정한 목적을 달성하기 위해 과학적 또는 이론적으로 추상화되거나 정립된 정보들 간의 관계를 통해 얻은 일반화된 가치 있는 정보'를 뜻하는 것으로, 어떤 대상에 대하여 원리적・통일적으로 조직되어 객관적 타당성을 요구할 수 있는 판단의 체계를 제시한다.
• 지혜 : 지식을 활용하는 창의적 아이디어를 의미한다.

33 정답 ②

정보검색은 여러 곳에 분산되어 있는 수많은 정보 중에서 특정 목적에 적합한 정보만을 신속하고 정확하게 찾아내어 수집・분류・축적하는 과정으로, 그 단계는 다음과 같다.
검색주제 선정 → 정보원 선택 → 검색식 작성 → 결과 출력

34 정답 ①

[수식] 탭 – [수식 분석] 그룹 – [수식 표시]를 클릭하면 결괏값이 아닌 수식 자체가 표시된다.

35 정답 ②

도형 선택 후 〈Shift〉를 누르고 도형을 회전시키면 15° 간격으로 회전시킬 수 있다.

36 정답 ②

〈Shift〉+〈F5〉는 현재 슬라이드부터 프레젠테이션을 실행하는 단축키이다.

오답분석
① 〈Ctrl〉+〈S〉 : 저장하기
③ 〈Ctrl〉+〈P〉 : 인쇄하기
④ 〈Shift〉+〈F10〉 : 바로가기 메뉴 표시하기
⑤ 〈Ctrl〉+〈M〉 : 새 슬라이드 추가하기

37 정답 ①

오른쪽 워크시트를 보면 데이터는 '김'과 '철수'로 구분이 되어 있다. 왼쪽 워크시트의 데이터는 '김'과 '철수' 사이에 기호나 탭, 공백 등이 없으므로 각 필드의 너비(열 구분선)를 지정하여 나눈 것이다.

38 정답 ④

삽입 상태가 아닌 수정 상태일 때만 〈Space Bar〉 키는 오른쪽으로 이동하면서 한 문자씩 삭제한다.

39 정답 ②

창 나누기를 수행하면 셀 포인터의 왼쪽과 위쪽으로 창 구분선이 표시된다.

40

정답 ③

VLOOKUP 함수는 「=VLOOKUP(첫 번째 열에서 찾으려는 값, 찾을 값과 결과로 추출할 값들이 포함된 데이터 범위, 값이 입력된 열의 열 번호, 일치 기준)」으로 구성된다. 찾으려는 값은 [B2]가 되어야 하며, 추출할 값들이 포함된 데이터 범위는 [E2:F8]이고, 자동 채우기 핸들을 이용하여 사원들의 교육점수를 구해야 하므로 [$E$2:$F$8]과 같이 절대참조가 되어야 한다. 그리고 값이 입력된 열의 열 번호는 [E2:F8] 범위에서 2번째 열이 값이 입력된 열이므로 2가 되어야 하며, 정확히 일치해야 하는 값을 찾아야 하므로 FALSE 또는 0이 들어가야 한다.

41

정답 ②

팀제는 조직 간의 수직적 장벽을 허물고 보다 자율적인 환경을 추구한다는 점에서 관리계층의 축소를 가져오며, 나아가 조직의 유연성을 제고할 수 있다.

> **팀제에서 나타날 수 있는 단점**
> - 팀 내에서 또는 팀원 간의 갈등현상이 야기될 수 있다.
> - 팀워크 발휘를 위해 필요한 인화(人和)가 저해될 우려가 있다.
> - 팀원 간의 개인주의가 확산될 가능성이 있다.
> - 팀원을 감독하고 통제하기 어렵다.
> - 팀원의 보상에 대한 적절한 기준의 부재를 볼 수 있다.
> - 팀 내부의 운영문제가 대두될 수 있다.

42

정답 ①

총무 업무는 일반적으로 주주총회 및 이사회 개최 관련 업무, 의전 및 비서업무, 집기비품 및 소모품의 구입과 관리, 사무실 임차 및 관리, 차량 및 통신시설의 운영, 국내외 출장 업무 협조, 복리후생업무, 법률자문과 소송관리, 사내외 홍보 광고업무 등이 있다.

오답분석

② 인사 업무 : 조직기구의 개편 및 조정, 업무분장 및 조정, 직원 수급계획 및 관리, 직무 및 정원의 조정 종합, 노사관리, 평가관리, 상벌관리, 인사발령, 교육체계 수립 및 관리, 임금제도, 복리후생제도 및 지원업무, 복무관리, 퇴직관리 등
③ 회계 업무 : 회계제도의 유지 및 관리, 재무상태 및 경영실적 보고, 결산 관련 업무, 재무제표 분석 및 보고, 법인세, 부가가치세, 국세 지방세 업무자문 및 지원, 보험가입 및 보상업무, 고정자산 관련 업무 등
④ 생산 업무 : 생산계획 수립 및 총괄, 생산실행 및 인원관리, 원자재 수급 및 관리, 공정관리 및 개선업무, 원가관리, 외주관리 등
⑤ 기획 업무 : 경영계획 및 전략 수립, 전사기획업무 종합 및 조정, 중장기 사업계획의 종합 및 조정, 경영정보 조사 및 기획보고, 경영진단업무, 종합예산수립 및 실적관리, 단기사업계획 종합 및 조정, 사업계획, 손익추정, 실적관리 및 분석 등

43

정답 ④

생산 제품에 대한 지식은 품질관리 직무를 수행하기 위해 필요한 능력이다.

오답분석

① 원가절감 활동을 위해서는 원가에 대한 이해력이 있어야 한다.
② 시장조사를 위해서는 각종 데이터 분석 및 가공능력이 있어야 한다.
③ 협상 및 계약을 위해서는 설득능력이 있어야 한다.
⑤ 업체 발굴 및 협력사 관리를 위해서는 검토 및 관리력이 있어야 한다.

44

정답 ②

오픈 이노베이션(개방형 혁신)은 기업이 필요로 하는 기술과 아이디어 등을 외부에서 받고, 이를 내부 자원과 공유하여 새로운 제품이나 서비스를 만들어내는 것을 말한다.

오답분석

① 애자일(Agile) : 급변하는 시장 환경 속에서 다양한 수요에 유연하고 민첩하게 대응하기 위한 경영방식으로, 부서 간 경계를 허물고 필요에 맞게 소규모팀을 구성해 업무를 수행하는 것을 말한다.
③ 데브옵스(DevOps) : 소프트웨어의 개발(Development)과 운영(Operations)의 합성어로, 소프트웨어 개발자와 정보기술 전문가 간의 소통, 협업 및 통합을 강조하는 개발 환경이나 문화를 말한다.
④ 빅데이터(Big Data) : 방대한 데이터와 이를 경제적 가치가 있는 것으로 분류 및 분석할 수 있는 기술을 말한다.
⑤ 브레인 라이팅(Brain Writing) : 포스트잇 같은 메모지에 의견을 적은 다음 메모된 글을 차례대로 공유하는 방법이다.

45

정답 ③

폐쇄형 R&D에 대한 설명으로, 공정 혁신이나 연구개발(R&D)의 대부분을 자체적으로 해결하는 형태이다.

오답분석

①・②・④・⑤ 오픈 이노베이션과 개방형 R&D로, 소비자의 아이디어나 대학이나 외부회사의 의견을 받아들여 신제품을 개발하거나 고객의 참여가 더 많은 가치를 창출하는 사례이다.

46

정답 ②

ⓒ은 브레인스토밍이다. 브레인스토밍은 여러 명이 한 가지의 문제를 놓고 아이디어를 비판 없이 제시하여 그중에서 최선책을 찾아내는 방법으로, 아이디어의 질보다 양을 추구하며 모든 아이디어들이 제안되고 나면 이를 결합하여 해결책을 마련한다.

47
정답 ①

베트남 사람들은 매장에 직접 방문해서 구입하는 것을 더 선호하므로 인터넷, TV광고와 같은 간접적인 방법의 홍보를 활성화하는 것은 신사업 전략으로 적절하지 않다.

48
정답 ②

미국에서는 악수를 할 때 상대의 눈이나 얼굴을 봐야 한다. 눈을 피하는 태도를 진실하지 않은 것으로 보기 때문이다. 상대방과 시선을 마주보며 대화하는 것을 실례라고 생각하는 지역은 아프리카이다.

49
정답 ①

K기업은 원가우위전략에 속하는 가격 고정이라는 카테고리 전략을 실행하였다.

오답분석

② 차별화전략 : 둘 이상의 세분시장들을 표적시장으로 선정하여 각 세분시장에 적합한 마케팅 믹스프로그램을 제공하는 전략이다.
③ 집중화전략 : 기업이 전체시장을 대상으로 하지 않고 시장의 일부에만 집중적으로 마케팅활동을 하거나 작은 하위시장을 독점상태로 유도하는 마케팅전략이다.
④ 혁신전략 : 기존의 제품을 간단하게 외형만 바꾸지 않고, 의미 있고 독특한 변화를 통해 혁신을 추구하는 전략이다.
⑤ 비차별전략 : 시장을 세분화하지 않고 전체시장에 대응하는 마케팅 활동이다.

50
정답 ⑤

전략 평가 및 피드백은 기업 실적을 객관적으로 분석하여 결과에 대한 근본 원인을 도출하는 단계로 K기업의 원가우위전략과 차별화된 정책이 근본 원인이라고 도출하고 있다.

오답분석

① 전략 목표 설정 : 전략 목표란 조직의 임무를 수행하기 위하여 중장기적으로 계획하여 추진하고자 하는 중점사업방향을 의미하며 조직의 임무를 좀 더 가시화한 목표라고 할 수 있다. 3 ～ 5개 정도로 설정함이 적정하고 표현형식은 구체적이고 명확하게 서술되어야 한다.
② 전략 환경 분석 : 내·외부 환경을 분석하는 것으로, 시장, 경쟁사, 기술 등을 분석하여 경쟁에서 성공요인을 도출하도록 한다.
③ 경영전략 도출 : 경쟁우위 전략을 도출하여 기업성장과 효율성 극대화라는 목표를 달성할 수 있도록 지원하는 것이다.
④ 경영전략 실행 : 목표와 미션을 이해하고 조직 역량을 분석하며 세부 실행 계획을 수립하여 업무를 실행한다.

제2회 모의고사 정답 및 해설

01	02	03	04	05	06	07	08	09	10
①	②	④	②	⑤	①	②	①	⑤	③
11	12	13	14	15	16	17	18	19	20
③	②	④	④	①	⑤	④	④	③	③
21	22	23	24	25	26	27	28	29	30
②	①	①	④	①	③	②	⑤	②	②
31	32	33	34	35	36	37	38	39	40
③	②	①	②	④	④	③	④	①	①
41	42	43	44	45	46	47	48	49	50
④	①	③	③	②	④	③	①	②	①

01　　　　　　　　　　　정답 ①

제시문에서 한 개인의 특수한 감각을 지시하는 용어는 올바른 사용 여부를 판단할 수 없기 때문에 아무런 의미를 갖지 않는다고 하였다. 따라서 본인만이 느끼는 감각을 지시하는 용어는 아무 의미도 없다는 것을 추론할 수 있다.

02　　　　　　　　　　　정답 ②

제시문의 중심 내용은 '분노'에 대한 것으로, 사람의 경우와 동물의 경우를 나누어 분노가 어떻게 공격과 복수의 행동을 유발하는지에 대해 서술하고 있다.

오답분석

① 분노에 대한 공격과 복수 행동만 서술할 뿐 공격을 유발하는 원인에 대한 언급은 없다.
③ 탈리오 법칙에 대한 언급은 했으나, 이에 대한 실제 사례 등 구체적인 서술은 없다.
④ 동물과 인간이 가지는 분노에 대한 감정 차이보다는 '분노했을 때의 행동'에 대한 공통점에 주안점을 두고 서술하였다.
⑤ 분노 감정의 처리는 글의 도입부에 탈리오 법칙으로 설명될 뿐, 중심 내용으로 볼 수 없다.

03　　　　　　　　　　　정답 ④

제시문에서는 각 코스의 특징을 설명하면서 코스 주행 시 습득할 수 있는 운전요령을 언급하고 있다.

04　　　　　　　　　　　정답 ②

제시문에는 조간대의 상부에 사는 생물들의 예시만 있으며, 중부에 사는 생물에 대한 예시는 들고 있지 않다.

오답분석

① 마지막 문단에서 조간대에 사는 생물 중 총알고둥류가 사는 곳은 물이 가장 높이 올라오는 지점인 상부라는 것을 이야기하고 있다.
③ 마지막 문단에서 척박한 바다 환경에 적응하기 위해 높이에 따라 수직적으로 종이 분포한다고 이야기하고 있다.
④ 첫 번째, 두 번째 문단에 걸쳐서 조간대의 환경적 조건에 대해 언급하고 있다.
⑤ 두 번째 문단에서 조간대의 상부에서는 뜨거운 태양열을 견뎌야 하는 환경적 조건임을, 마지막 문단에서 이러한 환경에 적응하기 위해 총알고둥류와 따개비는 상당 시간 물 밖에 노출되어도 수분 손실을 막기 위해 패각과 덮개 판을 닫고 오랜 시간 버틸 수 있음을 이야기하고 있다.

05　　　　　　　　　　　정답 ⑤

마지막 문단의 '기다리지 못함도 삼가고 아무것도 안 함도 삼가야 한다. 작동 중에 있는 자연스런 성향이 발휘되도록 기다리면서도 전력을 다할 수 있도록 돕는 노력도 멈추지 말아야 한다.'를 통해 ⑤가 제시문의 중심 주제가 됨을 알 수 있다.

오답분석

① 인위적 노력을 가하는 것은 일을 '조장'하지 말라고 한 맹자의 말과 반대된다.
② 싹이 성장하도록 기다리는 것도 중요하지만 '전력을 다할 수 있도록 돕는 노력'도 해야 한다.
③ 명확한 목적성을 강조하는 부분은 제시문에 나와 있지 않다.
④ 맹자는 '싹 밑의 잡초를 뽑고, 김을 매주는 일'을 통해 '성장을 보조해야 한다.'라고 말하며 적당한 인간의 개입이 필요함을 말하고 있다.

06　　　　　　　　　　　정답 ①

첫 번째 문단에서 엔테크랩이 개발한 감정인식 기술은 모스크바시 경찰 당국에 공급할 계획이라고 하였으므로 아직 도입되어 활용되고 있는 것은 아니다. 따라서 감정인식 기술이 큰 기여를 하고 있다는 ①은 적절하지 않다.

07　　　　　　　　　　　정답 ②

제시문에서는 저작권 소유자 중심의 저작권 논리를 비판하며, 저작권의 의의를 가지려면 저작물이 사회적으로 공유되어야 한다고 주장하고 있다. 따라서 주장에 대한 비판으로 ②가 가장 적절하다.

08　　　　　　　　　　　정답 ①

A가 21분 동안 움직인 걸음 수는 $\frac{21 \times 60}{9} \times 8 = 140 \times 8$걸음이고, B가 21분 동안 움직인 걸음 수는 $\frac{21 \times 60}{9} \times 6 = 140 \times 6$걸음이다.

두 사람이 만나기 위해서 이동할 수 있는 경로 중 최단 경로는 두 사람이 있는 곳을 직선으로 연결한 경로이고, 각각 동쪽과 북쪽으로 이동했으므로 피타고라스 정리에 의해 두 사람이 걸어야 할 걸음 수는 다음과 같다.

$$\sqrt{(140 \times 8)^2 + (140 \times 6)^2} = 140\sqrt{8^2 + 6^2} = 140\sqrt{100}$$
$$= 140 \times 10$$걸음

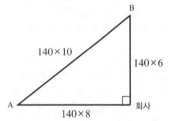

두 사람은 이전과 같은 속력으로 같은 시간 동안 움직여 만난다고 하였으므로 두 사람이 만날 때까지 걸리는 시간을 x초라고 하자.
$x \times (8+6) \div 9 = 140 \times 10 \rightarrow x \times 14 \div 9 = 140 \times 10$
$\rightarrow x = 140 \times 10 \div (14 \div 9) = 900$초
A가 이동한 거리를 물었으므로 A의 걸음 수는 $900 \times 8 \div 9 = 800$걸음이다. 따라서 이동 거리는 $800 \times 60 = 48,000$cm, 즉 480m이다.

09　　　　　　　　　　　정답 ⑤

한 골만 넣으면 경기가 바로 끝난다고 하였으므로 현재 상황은 양 팀이 동점임을 알 수 있다. 양 팀이 한 번씩 승부차기를 하고도 경기가 끝나지 않는다는 것은 양 팀 모두 성공하거나 실패하는 경우이다.
• 양 팀 모두 성공할 확률 : $0.7 \times 0.4 = 0.28$
• 양 팀 모두 실패할 확률 : $0.3 \times 0.6 = 0.18$
따라서 경기가 끝나지 않을 확률은 $0.28 + 0.18 = 0.46$이다.

10　　　　　　　　　　　정답 ③

50,000원을 넘지 않으면서 사과 10개가 든 한 상자를 최대로 산다면 5상자($9,500 \times 5 = 47,500$원)를 살 수 있다. 이때 나머지 금액은 $50,000 - 47,500 = 2,500$원이다. 이 금액으로는 낱개의 사과를 2개까지 살 수 있으므로, 구매할 수 있는 사과의 최대 개수는 $10 \times 5 + 2 = 52$개이다.

11　　　　　　　　　　　정답 ③

팀장의 나이를 x세라고 했을 때, 과장의 나이는 $(x-4)$세, 대리는 31세, 사원은 25세이다. 과장과 팀장의 나이 합이 사원과 대리의 나이 합의 2배이므로 다음과 같다.
$x + (x-4) = 2 \times (31+25) \rightarrow 2x - 4 = 112$
$\therefore x = 58$

12　　　　　　　　　　　정답 ②

• 평균 통화시간이 6～9분인 여자의 수 : $400 \times \frac{18}{100} = 72$명

• 평균 통화시간이 12분 이상인 남자의 수 : $600 \times \frac{10}{100} = 60$명

$\therefore \frac{72}{60} = 1.2$배

13　　　　　　　　　　　정답 ④

10대의 인터넷 공유활동을 참여율이 큰 순서대로 나열하면 '커뮤니티 이용 → 퍼나르기 → 블로그 운영 → UCC게시 → 댓글달기'이다. 반면, 30대는 '커뮤니티 이용 → 퍼나르기 → 블로그 운영 → 댓글달기 → UCC게시'이다. 따라서 활동 순위가 서로 같지 않다.

오답분석
① 20대가 다른 연령에 비해 참여율이 비교적 높은 편임을 표에서 쉽게 확인할 수 있다.
② 남성이 여성보다 참여율이 대부분의 활동에서 높지만, 블로그 운영에서는 여성의 참여율이 높다.
③ 남녀 간의 참여율 격차가 가장 큰 영역은 13.8%p로 댓글달기이며, 가장 작은 영역은 2.7%p로 커뮤니티 이용이다.
⑤ 40대는 다른 영역과 달리 댓글달기 활동에서는 다른 연령대보다 높은 참여율을 보이고 있다.

14　　　　　　　　　　　정답 ④

미국의 점수 총합은 $4.2 + 1.9 + 5.0 + 4.3 = 15.4$점으로, 프랑스의 총점인 $5.0 + 2.8 + 3.4 + 3.7 = 14.9$점보다 높다.

오답분석
① 기술력 분야에서는 프랑스가 가장 높다.
② 성장성 분야에서 점수가 가장 높은 국가는 한국이고, 시장지배력 분야에서 점수가 가장 높은 국가는 미국이다.
③ 브랜드파워 분야에서 각국 점수 중 최댓값과 최솟값의 차이는 $4.3 - 1.1 = 3.2$점이다.
⑤ 시장지배력 분야의 점수는 일본이 1.7점으로, 3.4점인 프랑스보다 낮다.

15 정답 ①

- (가)·(바) : 곤충 사체 발견, 방사능 검출은 현재 직면한 문제로, 발생형 문제에 해당한다.
- (다)·(마) : 더 많은 전압을 회복시킬 수 있는 충전지 연구와 근로시간 단축은 현재 상황보다 효율을 더 높이기 위한 문제로, 탐색형 문제에 해당한다.
- (나)·(라) : 초고령사회와 드론시대를 대비하여 미래지향적인 과제를 설정하는 것은 설정형 문제에 해당한다.

16 정답 ⑤

병과 정의 말이 서로 모순되므로 둘 중 한 명은 거짓을 말한다. 따라서 병과 정의 말이 거짓일 경우를 정리하면 다음과 같다.

1) 병이 거짓말을 할 경우
   거짓인 병의 말에 따라 을은 윗마을에 사는 여자이며, 윗마을에 사는 여자는 거짓말만 하므로 을의 말은 거짓이 된다. 참인 정의 말에 따르면 병은 윗마을에 사는데, 거짓을 말하고 있으므로 병은 여자이다. 을과 병 모두 윗마을 사람이므로 나머지 갑과 정은 아랫마을 사람이 된다. 이때 갑과 정은 모두 진실을 말하고 있으므로 여자이다. 따라서 갑, 을, 병, 정 모두 여자임을 알 수 있다.

2) 정이 거짓말을 할 경우
   거짓인 정의 말에 따르면 을과 병은 아랫마을에 사는데, 병은 참을 말하고 있으므로 병은 여자이다. 참인 병의 말에 따르면 을은 아랫마을에 사는 남자이며, 아랫마을에 사는 남자는 거짓말만 하므로 을의 말은 거짓이 된다. 이때 을의 말이 거짓이 되면 을은 윗마을에 살게 되므로 서로 모순된다. 따라서 성립하지 않는다.

17 정답 ④

- 사항 가를 채택하면 사항 나를 채택한 경우와 사항 다를 채택한 경우로 나눌 수 있으므로 사항 나와 다는 같이 채택될 수 없다.
- 사항 다와 라를 동시에 채택하면, 사항 나를 채택하지 않아야 하므로 사항 다와 라를 동시에 채택할 경우에는 사항 나와 다는 같이 채택될 수 없다.
- 사항 가나 나를 채택하면 사항 라도 채택해야 하는데, 두 번째 조건에 의해 여기에 사항 다를 채택하면 사항 나를 채택할 수 없게 되어 사항 나와 다는 같이 채택될 수 없다.

따라서 이를 정리하면 사항 나와 다는 항상 같이 채택될 수 없다.

오답분석

①·② 첫 번째 조건에 의해 사항 나가 채택되지 않고 사항 다가 채택되면, 사항 가가 채택될 수 있다.
③ 사항 가와 나, 라 모두 나와 있는 조건은 세 번째 조건으로, 이에 따르면 ③이 틀린 경우는 아니다.
⑤ 세 번째 조건의 대우이므로, 항상 옳다.

18 정답 ④

E가 수요일에 봉사를 간다면 A는 화요일(바), C는 월요일(다)에 가고, B와 D는 평일에 봉사를 가므로(라) 토요일에 봉사를 가는 사람은 없다.

오답분석

① B가 화요일에 봉사를 간다면 A는 월요일에 봉사를 가고(나) C는 수요일이나 금요일에 봉사를 가므로(다, 마) 토요일에 봉사를 가는 사람은 없다.
② D가 금요일에 봉사를 간다면 C는 수요일과 목요일에 봉사를 갈 수 없으므로(다, 마) 월요일이나 화요일에 봉사를 간다.
③ D가 A보다 봉사를 빨리 가면 D는 월요일, A는 화요일에 봉사를 가므로(바) C는 수요일이나 금요일에 봉사를 가게 된다(다, 마). C가 수요일에 봉사를 가면 E는 금요일에 봉사를 가게 되므로 B는 금요일에 봉사를 가지 않는다.
⑤ C가 A보다 빨리 봉사를 간다면 D는 목요일이나 금요일에 봉사를 간다(다, 라, 바).

19 정답 ③

ㄴ. 어떤 기계를 선택해야 비용을 최소화할 수 있는지에 대해 고려하고 있는 문제이므로 옳은 설명이다.
ㄷ. • A기계를 선택하는 경우
　　- (비용)=(임금)+(임대료)=(8,000×10)+10,000
　　　=90,000원
　　- (이윤) : 100,000−90,000=10,000원
　• B기계를 선택하는 경우
　　- (비용)=(임금)+(임대료)=(7,000×8)+20,000
　　　=76,000원
　　- (이윤) : 100,000−76,000=24,000원
　　따라서 합리적인 선택을 하는 경우는 B기계를 선택하는 경우로, 24,000원의 이윤이 발생한다.

오답분석

ㄱ. B기계를 선택하는 경우가 A기계를 선택하는 경우보다 14,000원(=24,000−10,000)의 이윤이 더 발생한다.
ㄹ. A기계를 선택하는 경우 비용은 90,000원이다.

20 정답 ③

2명이 선발되었다고 하였으므로, 주어진 조건을 이용해 선발된 두 명을 가정하고 판단해 본다. 첫 번째와 두 번째 조건을 참이라고 가정하면 C와 D 2명을 특정할 수 있다. 이때, 나머지 조건 중 네 번째와 다섯 번째 조건이 거짓이 되므로 세 명의 조건만 옳다는 조건을 만족한다. 따라서 C와 D가 선발되었다.

오답분석

① A가 선발되었을 경우 첫 번째, 다섯 번째 조건이 거짓이 되므로 두 번째 ~ 네 번째 조건은 모두 참이어야 한다. A를 제외한 B ~ G 6명 중 두 번째 조건을 만족시키기 위해서는 B, C, D 중 선발되어야 한다. 세 번째 조건을 만족시키기 위해서는 C가 선발되어야 하는데, 이 경우 네 번째 조건이 거짓이 된다.

② B가 선발되었을 경우 첫 번째 조건이 거짓이 된다. A, C, D, E, F, G 여섯 명 중 A가 선발될 경우 네 번째, 다섯 번째 조건, C가 선발될 경우 네 번째, 다섯 번째 조건, D가 선발될 경우 세 번째 ~ 다섯 번째 조건, E와 F가 선발될 경우 두 번째, 세 번째 조건, F가 선발될 경우 두 번째, 세 번째 조건, G가 선발될 경우 두 번째, 다섯 번째 조건이 거짓이 된다.

④ E가 선발되었을 경우 두 번째 조건이 거짓이 된다. A, B, C, D, F, G 여섯 명 중 A가 선발될 경우 첫 번째, 세 번째, 다섯 번째 조건이 거짓이 된다. B가 선발될 경우 첫 번째, 세 번째 조건이 거짓이 된다. C가 선발될 경우 나머지 조건이 모두 참이 된다. D가 선발될 경우 세 번째, 다섯 번째 조건이 거짓이 된다. F가 선발될 경우 세 번째 ~ 다섯 번째 조건이 거짓이 된다. G가 선발될 경우 첫 번째, 네 번째, 다섯 번째 조건이 거짓이 된다.

⑤ G가 선발되었을 경우 첫 번째, 두 번째, 다섯 번째 조건이 거짓이 된다.

21   정답 ②

제시문에서 옵트인 방식은 수신 동의 과정에서 발송자와 수신자 모두에게 비용이 발생한다고 했으므로 수신자의 경제적 손실을 막을 수 있다는 ②의 내용은 적절하지 않다.

22   정답 ①

제시문의 요지, 즉 핵심은 ①로 볼 수 있다. ②·③·④는 ①의 주장을 드러내기 위해 현재의 상황을 서술한 내용이며, ⑤는 제시문의 내용으로 적절하지 않다.

23   정답 ①

제시문에서는 광고를 단순히 상품 판매 도구로만 보지 않고, 문화적 차원에서 소비자와 상품 사이에 일어나는 일종의 담론으로 해석하여 광고라는 대상을 새로운 시각으로 바라보고 있다.

24   정답 ④

644와 476을 소인수분해하면 다음과 같다.

$644 = 2^2 \times 7 \times 23$

$476 = 2^2 \times 7 \times 17$

즉, 644와 476의 최대공약수는 $2^2 \times 7 = 28$이다.
이때 직사각형의 가로에 설치할 수 있는 조명의 개수를 구하면 $644 \div 28 + 1 = 23 + 1 = 24$개이고, 직사각형의 세로에 설치할 수 있는 조명의 개수를 구하면 $476 \div 28 + 1 = 17 + 1 = 18$개이다.
따라서 조명의 최소 설치 개수를 구하면 $(24 + 18) \times 2 - 4 = 84 - 4 = 80$개이다.

25   정답 ①

올라갈 때와 내려올 때 걸린 시간이 같으므로 올라갈 때와 내려올 때 각각 3시간이 걸렸음을 알 수 있다.
올라갈 때와 내려올 때의 이동거리는 각각 $3a$km, $3b$km이고, 내려올 때의 이동거리가 3km 더 기므로 다음과 같다.

$3a + 3 = 3b \rightarrow b = a + 1$

즉, 내려올 때의 속력을 a에 대한 식으로 나타내면 $(a+1)$km/h이다.

26   정답 ③

• 1인 1일 사용량에서 영업용 사용량이 차지하는 비중

: $\dfrac{80}{282} \times 100 ≒ 28.37\%$

• 1인 1일 가정용 사용량의 하위 두 항목이 차지하는 비중

: $\dfrac{20 + 13}{180} \times 100 ≒ 18.33\%$

27   정답 ②

ㄱ. 한류의 영향으로 한국 제품을 선호하므로 한류 배우를 모델로 하여 적극적인 홍보 전략을 추진한다.
ㄷ. 빠른 제품 개발 시스템이 있기 때문에 소비자 기호를 빠르게 분석하여 제품 생산에 반영한다.

오답분석

ㄴ. 인건비 상승과 외국산 저가 제품 공세 강화로 인해 적절한 대응이라고 볼 수 없다.
ㄹ. 선진국은 기술 보호주의를 강화하고 있으므로 적절한 대응이라고 볼 수 없다.

28   정답 ⑤

홍보팀장의 요청에 따라 인지도가 높으면서도 자사와 연관될 수 있는 캐릭터를 활용하여 홍보 전략을 세워야 하므로 대중적으로 저금통의 이미지를 상징하는 돼지 캐릭터와 자사의 마스코트인 소를 캐릭터로 함께 사용하는 홍보 방안이 가장 적절하다.

29   정답 ②

첫 번째, 네 번째 조건을 이용하면 '미국 – 일본 – 캐나다' 순서로 여행한 사람의 수가 많음을 알 수 있다.
두 번째 조건에 의해 일본을 여행한 사람은 미국 또는 캐나다 여행을 했다. 따라서 일본을 여행했지만 미국을 여행하지 않은 사람은 캐나다 여행을 했고, 세 번째 조건에 의해 중국을 여행하지 않았음을 알 수 있다.

오답분석

①·④·⑤ 주어진 조건만으로는 알 수 없다.
③ 미국을 여행한 사람의 수가 가장 많지만, 일본과 중국을 여행한 사람의 수를 합한 것보다 많은지는 알 수 없다.

30
정답 ②

두 번째, 세 번째 조건에서 A는 가위를 내지 않았고 B는 바위를 내지 않았으므로 A가 바위를 내고 B가 가위를 낸 경우, A가 바위를 내고 B가 보를 낸 경우, A가 보를 내고 B가 가위를 낸 경우, A와 B가 둘 다 보를 낸 경우 총 4가지로 나누어 따져보면 다음과 같다.

구분	A	B	C	D	E	F
경우 1	바위	가위	바위	가위	바위	보
경우 2	바위	보	바위	보	가위	보
경우 3	보	가위	보	가위	바위	가위
경우 4	보	보	보	보	가위	가위

따라서 A와 B가 모두 보를 낸 경우에만 모든 조건을 만족하므로, E와 F가 이기고 나머지는 졌다.

31
정답 ③

정보원(Sources)은 필요한 정보를 수집할 수 있는 원천으로, 크게 1차 자료와 2차 자료로 구분한다. 1차 자료는 원래의 연구 성과가 기록된 자료로서 단행본, 학술지와 학술지 논문, 학술회의자료, 연구보고서, 학위논문, 특허정보, 표준 및 규격자료, 레터, 출판 전 배포자료, 신문, 잡지, 웹 정보자원 등이 있다.

오답분석
㉠·㉢ : 2차 자료에 해당한다.

32
정답 ②

정보관리란 수집된 다양한 형태의 정보를 어떤 문제해결이나 결론 도출에 사용하기 쉬운 형태로 바꾸는 일이다. 이는 사용 목적을 명확히 설명해야 하는 목적성과 쉽게 작업할 수 있어야 하는 용이성, 즉시 사용할 수 있어야 하는 유용성 세 가지 원칙을 따라야 한다.

33
정답 ①

[휴지통]에 들어 있는 자료는 언제든지 복원 가능하다. 단, [휴지통] 크기를 0%로 설정한 후 파일을 삭제하면 복원이 불가능하다.

34
정답 ②

'$'가 붙으면 절대참조로 위치가 변하지 않고, 붙지 않으면 상대참조로 위치가 변한다. 「$A$1」은 무조건 [A1] 위치로 고정이며, 「$A2」는 [A] 열은 고정이지만 행은 변한다는 것을 의미한다. [A7] 셀을 복사했을 때 열이 오른쪽으로 2칸 움직였지만 고정이기에 의미는 없고, 행이 7에서 8로 1행만큼 이동하였기 때문에 [A1]+[A3]의 값이 [C8] 셀이 된다. 따라서 1+3=4이다.

35
정답 ④

RANK 함수에서 0은 내림차순, 1은 오름차순이다. 따라서 [F8] 셀의 '=RANK(D8,D4:D8,0)' 함수의 결괏값은 4이다.

36
정답 ④

㉠에 들어갈 내용은 '여러 개의 연관된 파일'이며, ㉡에 들어갈 내용은 '한 번에 한 개의 파일'이다.

37
정답 ③

박부장과 김사원은 온라인상에서 이용자들이 인적 네트워크를 형성할 수 있게 해주는 서비스인 SNS에 대해 대화하고 있다.

오답분석
① 웹하드 : 웹 서버에 대용량의 저장 기능을 갖추고 사용자가 개인용 컴퓨터(PC)의 하드디스크와 같은 기능을 인터넷을 통하여 이용할 수 있게 하는 서비스를 뜻한다.
② 클라우드 컴퓨팅 : 별도의 데이터 센터 없이 인터넷을 통해 제공되는 서버를 활용해 정보를 보관하고 있다가 필요할 때 꺼내쓰는 기술이다.
④ 메신저 : 인터넷에서 실시간으로 메시지와 데이터를 주고받을 수 있는 소프트웨어이다.
⑤ 전자상거래 : 인터넷이라는 전자 매체를 통하여 상품을 사고팔거나, 재화나 용역을 거래하는 사이버 비즈니스를 뜻한다.

38
정답 ④

통합형 검색방식은 사용자가 입력한 검색어들을 연계된 다른 검색엔진에 보내고, 이를 통해 얻어진 검색 결과를 사용자에게 보여주는 방식이다.

오답분석
① 키워드 검색방식 : 찾고자 하는 정보와 관련된 핵심 키워드를 직접 입력해 검색엔진에 보내면 검색엔진이 키워드와 관련된 정보를 찾는 방식으로, 키워드만 입력하면 되기 때문에 검색이 간단하나, 키워드가 불명확하게 입력될 경우 검색 결과가 지나치게 많아 비효율적인 검색이 될 수 있다.
② 주제별 검색방식 : 인터넷상에 존재하는 웹 문서들을 주제별, 계층별로 정리하여 데이터베이스를 구축한 후 이용하는 방식이다.
③ 자연어 검색방식 : 검색엔진에서 문장형 질의어의 형태소를 분석해 5W2H를 읽어내고, 각 질문에 답이 들어있는 사이트를 연결해 주는 방식이다.
⑤ 메뉴 검색방식 : 웹 디렉터리 방식으로서 나열되어 있는 분류 항목 중 가장 가까운 항목을 선택하여 따라가는 방식으로, 매우 쉽고 간단하다.

39

정답 ①

쿠키는 웹에 접속할 때 자동적으로 만들어지는 임시 파일로, 이용자의 ID, 비밀번호 등의 정보가 담겨 있다. 특정 웹사이트에서는 사용자 컴퓨터의 정보 수집을 위해 사용되며, 해당 업체의 마케팅에 도움이 되기는 하지만 개인 정보의 침해 소지가 있다. 따라서 주기적으로 삭제하는 것이 개인 정보가 유출되지 않도록 하는 방법이다.

40

정답 ①

오답분석

② [D3] : =MID(B3,3,2)
③ [E7] : =RIGHT(B7,2)
④ [D8] : =MID(B8,3,2)
⑤ [E4] : =MID(B4,5,2)

41

정답 ④

K사의 대표이사는 결정한 것은 끝까지 성공시켜야 한다는 함정에 빠져서 자기 실수를 인정하지 않고, 이미 지나간 과거 의사결정에 대한 미련과 집착을 버리지 못하여 조직에 더 큰 손해를 일으키고 있다. 이러한 함정은 과거 지속적으로 순탄하게 성장해 오거나 이미 많은 성공을 통해 대내외적으로 명성을 얻는 사람들이 쉽게 빠질 수 있다.

> **잘못된 의사결정에 빠지는 함정**
> • 눈으로 보는 것만이 현실이다.
> • 과거 자료나 추세만을 중시한다.
> • 늘 하던 대로 자신에게 편한 방식을 고수한다.
> • 결정한 것은 끝까지 성공시켜야 한다.
> • 나의 능력을 믿는다.

42

정답 ①

K사의 대표이사가 조직을 위해 올바른 의사결정을 하기 위해서는 자신에게 직언을 할 수 있는 다양한 유형의 사람을 곁에 두어야 하고, 현실을 직시하고 현장에서 살아있는 정보를 얻으며 자신에게 솔직해야 한다. 구성원의 가치 있는 실수는 과감히 포용할 필요도 있지만, 자신의 실수는 인정해야 하는 것이다.

> **성공적인 의사결정을 위해 필요한 원칙**
> • 서로 다른 유형의 사람을 옆에 두어라.
> • 현실을 냉철하게 직시하라.
> • 현장에서 정보를 얻어라.
> • 자신에게 솔직하라.
> • 가치 있는 실수는 과감히 포용하라.

43

정답 ③

'기축통화'는 국제 간의 결제나 금융거래에서 기본이 되는 화폐로, 미국 예일대학의 로버트 트리핀 교수가 처음 사용한 용어이다. 대표적인 기축통화로는 미국의 달러화가 있으며, 유럽에서는 유로화가 통용되고 있다.

오답분석

① 나스닥, 자스닥, 코스닥 등은 각 국가에서 운영하는 전자 주식 장외시장이다.
② MSCI 지수(Morgan Stanley Capital International index)는 미국의 모건스탠리캐피털사가 작성해 발표하는 세계 주가지수이다. 글로벌펀드의 투자기준이 되는 지표이자 주요 기준으로 사용되고 있다.
④ 이머징마켓은 개발도상국 가운데 경제성장률이 높고 빠른 속도로 산업화가 진행되는 국가의 시장으로, 한국, 브라질, 폴란드 등 여러 국가들이 속해 있다.

44

정답 ③

오답분석

㉠ 미국 바이어와 악수할 때 눈이나 얼굴을 보는 것은 좋은 행동이지만, 손끝만 살짝 잡아서는 안 되며, 오른손으로 상대방의 오른손을 잠시 힘주어서 잡아야 한다.
㉡ 이라크 사람들은 시간약속을 할 때 정각에 나오는 법이 없으며 상대방이 으레 기다려 줄 것으로 생각하므로 좀 더 여유를 가지고 기다리는 인내심이 필요하다.
㉢ 수프를 먹을 때는 몸 쪽에서 바깥쪽으로 숟가락을 사용한다.
㉣ 빵은 수프를 먹고 난 후부터 디저트를 먹을 때까지 먹는다.

45

정답 ②

프랑스는 격식을 중요하게 생각하므로 공공기관을 방문할 때에도 정장차림을 갖추는 것이 좋다.

오답분석

① 프랑스인들은 신뢰가 쌓이기 전까지는 거래를 꺼리는 보수적인 성향이 여전히 있고, 빠른 결정을 내리도록 강요받는 것을 원치 않으므로 인내를 가지고 위협적이거나 집요하지 않게 장기적으로 신뢰를 형성하는 비즈니스 매너를 갖추어야 한다.
③ 어느 나라 사람이라도 본인에게 집중하지 않는 것을 좋아할 수는 없다.
④ 프랑스에서는 식사 시 격식을 차린 코스 요리를 몇 시간씩 대화를 나누며 즐기므로 조급해하지 말고 즐기며 여유를 갖도록 한다.
⑤ 프랑스식 식사는 격식을 차린 코스 요리로 준비할 것도 많으므로 약속시간보다 조금 늦게 도착하도록 한다.

46

정답 ④

프랑스는 격식을 차린 코스 요리를 주로 식사하고, 식사시간에 침묵하는 것은 예의가 아니라고 생각하여 대화하면서 와인과 식사를 즐기기 때문에 식사시간이 긴 것이 특징이다.

47

정답 ③

프랑스에서는 약속을 중시하기 때문에 시간 변경이나 취소는 무례한 행위로 여긴다.

오답분석

① 미국에서는 악수할 때 손끝만 잡으면 예의에 어긋난다고 생각하나, 프랑스에서는 상대방의 손을 가볍게 잡고 한두 번만 빠르게 흔들며 인사한다.

② 프랑스인들은 빠른 결정을 내리도록 강요받는 것을 원치 않는 성향이 강해서 식사 시에도 비즈니스 대화는 디저트가 제공된 후에 하는 것이 좋으며 주로 호스트가 먼저 이야기를 꺼내도록 하는 것이 바람직하다. 그러므로 프랑스 바이어들을 상대할 때에는 위협적이거나 집요하지 않도록 하며 인내와 여유를 갖고 임한다.

④ 프랑스에서는 대화 중 상대방의 말을 끊고 개입을 하는 것을 상대방에 대한 흥미의 표현이라 여기기 때문에 궁금하거나 이야기하고 싶은 것이 있을 때는 바로 적극적으로 표현해도 괜찮다.

⑤ 프랑스식 식사는 격식을 차려서 준비할 것도 많으므로 약속시간에 조금 늦게 도착하도록 한다.

48

정답 ①

사무인수인계는 문서에 의함을 원칙으로 하나, 기밀에 속하는 사항은 구두 또는 별책으로 인수인계할 수 있도록 한다.

49

정답 ②

매트릭스 구조는 특정사업 수행을 위한 것으로, 해당 분야의 전문성을 지닌 직원들이 본연의 업무와 특정사업을 동시에 수행하는 '투-잡(Two-Job)' 형태로 운영될 수 있으며, 두 명 이상의 책임자들로부터 명령을 받는다고 하여 이중지휘 시스템이라고도 한다.

50

정답 ①

매트릭스 구조의 성공 여부는 이 조직에 관여하는 관리자들의 양보와 타협, 협동에 달려 있으므로 리더들의 사고 혁신이 전제가 되어야 한다. 매트릭스 조직 운영은 난이도가 높기에 걸맞은 기업 문화와 인사제도, 성과측정, 전략수립 수단이 필요하며 매트릭스 최하단에 놓인 직원의 적절한 업무로드 배분을 감안해야 한다. 또한 함께 달성할 가치나 목표가 뚜렷해야 구성원들의 협력 의지를 동기부여 시킬 수 있고 기능 간에 커뮤니케이션과 정보 공유가 원활해지므로, 공동 목표를 명확히 설정하고 공유해야 한다. 이러한 조직의 전체적인 변화와 혁신을 일으키지 않으면 어설픈 관료제의 중첩이라는 위험에 빠지게 될 가능성이 높다.

제3회 모의고사 정답 및 해설

01	02	03	04	05	06	07	08	09	10
②	③	⑤	③	②	④	④	④	③	③
11	12	13	14	15	16	17	18	19	20
①	②	③	④	④	②	①	②	④	③
21	22	23	24	25	26	27	28	29	30
④	①	①	①	④	②	②	④	④	②
31	32	33	34	35	36	37	38	39	40
①	④	③	③	④	③	④	④	②	②
41	42	43	44	45	46	47	48	49	50
①	③	④	③	②	④	③	④	④	②

01
정답 ②

문서를 작성해야 하는 상황은 주로 요청이나 확인을 부탁하는 경우, 정보제공을 위한 경우, 명령이나 지시가 필요한 경우, 제안이나 기획을 할 경우, 약속이나 추천을 위한 경우이다. 그러나 ②의 경우 자유롭게 제시된 팀원의 모든 의견은 공식적인 것이 아니므로 문서로 작성하지 않아도 된다.

02
정답 ③

도킨스에 따르면 인간 개체는 유전자라는 진정한 주체의 매체에 지나지 않게 된다. 이러한 생각에는 살아가고 있는 구체적 생명체를 경시하게 되는 논리가 잠재되어 있다. 따라서 무엇이 진정한 주체인가에 대한 물음이 필자의 문제 제기로 적절하다.

03
정답 ⑤

플레이 펌프는 아이들이 놀기만 하면 동력이 되어 지하수를 끌어올려 물을 저장한다는 원리적 측면에서만 봤을 때는 성공적으로 보였으나, 아이들에게 놀이가 아닌 일이 되어버리면서 실패하게 된다. 즉, 현지인의 문화와 사회의 전체적인 모습을 보지 못해 실패하게 된 것이다.

04
정답 ③

'정부에서 고창 갯벌을 습지보호지역으로 지정 고시한 사실을 알리는 (나) → 고창 갯벌의 상황을 밝히는 (가) → 습지보호지역으로 지정 고시된 이후에 달라진 내용을 언급하는 (라) → 앞으로의 계획을 밝히는 (다)' 순이 적절하다.

05
정답 ②

제시문은 텔레비전의 언어가 개인의 언어 습관에 미치는 악영향을 경계하면서, 올바른 언어 습관을 길들이기 위해 문학 작품의 독서를 강조하고 있다.

06
정답 ④

제시문은 낙수 이론에 대해 설명하고, 그 실증적 효과를 논한 후에 비판을 제기하고 있다. 따라서 일반론에 이은 효과를 설명하는 (가)가 바로 다음에, 비판을 시작하는 (나)가 그 뒤에 와야 한다. (라)에는 '제일 많이'라는 수식어가 있고, (다)에는 '또한 제기된다.'라고 명시되어 있어 (라)가 (다) 앞에 오는 것이 글의 구조상 적절하다.

07
정답 ④

㉣의 앞쪽에 제시된 술탄 메흐메드 2세의 행적을 살펴보면 성소피아 대성당으로 가서 성당을 파괴하는 대신 이슬람 사원으로 개조하였고, 그리스 정교회 수사에게 총대주교직을 수여하는 등 '역대 비잔틴 황제들이 제정한 법을 그가 주도하고 있던 법제화의 모델로 이용하였던 것'으로 보아 '단절을 추구하는 것'이 아닌 '연속성을 추구하는 것'으로 고치는 것이 적절하다.

08
정답 ④

O사원이 걸어간 거리는 $1.8 \times 0.25 = 0.45km$이고, 자전거를 탄 거리는 $1.8 \times 0.75 = 1.35km$이다. 3km/h와 30km/h를 각각 분 단위로 환산하면 각각 0.05km/분, 0.5km/분이다. 이를 기준으로 이동시간을 계산하면 O사원이 걸은 시간은 $\frac{0.45}{0.05} = 9$분이고, 자전거를 탄 시간은 $\frac{1.35}{0.5} = 2.7$분이다. 즉, 총 이동시간은 $9 + 2.7 = 11.7$분이고, 0.7분을 초로 환산하면 $0.7 \times 60 = 42$초이다. 따라서 O사원이 출근하는 데 걸린 시간은 11분 42초이다.

09
정답 ③

6개의 숫자로 여섯 자릿수를 만드는 경우는 6!가지이다.
그중 1이 3개, 2가 2개씩 중복되므로 $3! \times 2!$의 경우가 겹친다.
따라서 가능한 경우의 수는 총 $\frac{6!}{3! \times 2!} = 60$가지이다.

10

정답 ③

각자 낸 돈을 x원이라고 하면 총금액은 $8x$원이다.
숙박비는 $8x \times 0.3 = 2.4x$원, 외식비는 $2.4x \times 0.4 = 0.96x$원,
남은 경비는 92,800원이므로 다음과 같다.
$8x - (2.4x + 0.96x) = 92,800 \rightarrow 4.64x = 92,800$
$\therefore x = 20,000$

11

정답 ①

10시 10분일 때 시침과 분침의 각도를 구하면 다음과 같다.
- 10시 10분일 때 12시 정각에서부터 시침의 각도
  : $30° \times 10 + 0.5° \times 10 = 305°$
- 10시 10분일 때 12시 정각에서부터 분침의 각도
  : $6° \times 10 = 60°$

따라서 시침과 분침이 이루는 작은 쪽의 각도는 $(360 - 305)° + 60° = 115°$이다.

12

정답 ②

2022년 1위 흑자국 중국의 흑자액은 10위 흑자국 인도 흑자액의 $\frac{47,779}{4,793} = 9.97$배이므로 10배 미만이다.

오답분석

① 2020년부터 2022년까지 폴란드를 제외한 9개국은 모두 흑자국에 2번 이상을 포함된 것을 확인할 수 있다.
③ 싱가포르의 2020년 대비 2022년의 흑자액은 $\frac{11,890}{5,745} = 2.07$배이므로 옳은 설명이다.
④ 2020년 대비 2022년 베트남의 흑자 증가율은 $\frac{8,466 - 4,780}{4,780} \times 100 = 77.1\%$p이므로 가장 높다.
⑤ 조사기간 동안 싱가포르와 베트남만이 매년 순위가 상승했다.

13

정답 ③

2013 ~ 2022년 평균 부채 비율은 $(61.6 + 100.4 + 86.5 + 80.6 + 79.9 + 89.3 + 113.1 + 150.6 + 149.7 + 135.3) \div 10 = 104.7\%$이므로 10년간의 평균 부채 비율은 90% 이상이다.

오답분석

① 2016년 대비 2017년 자본금 증가폭은 $33,560 - 26,278 = 7,282$억 원으로, 2014 ~ 2022년 중 자본금의 변화가 가장 컸다.
② 전년 대비 부채 비율이 증가한 해는 2014년, 2018년, 2019년, 2020년이므로 연도별 부채 비율 증가폭을 계산하면 다음과 같다.
- 2014년 : $100.4 - 61.6 = 38.8$p
- 2018년 : $89.3 - 79.9 = 9.4$p
- 2019년 : $113.1 - 89.3 = 23.8$p
- 2020년 : $150.6 - 113.1 = 37.5$p

따라서 부채 비율이 전년 대비 가장 많이 증가한 해는 2014년이다.

④ 2022년의 자산과 자본은 10년 중 가장 많았지만, 그만큼 부채도 가장 많은 것을 확인할 수 있다.
⑤ S공사의 자산과 부채는 2015년부터 8년간 꾸준히 증가한 것을 확인할 수 있다.

14

정답 ④

㉠ 제시된 자료를 통해 확인할 수 있다.
㉢ • 백화점의 디지털기기 판매수수료율 : 11.0%
  • TV홈쇼핑의 디지털기기 판매수수료율 : 21.9%
㉣ TV홈쇼핑 판매수수료율 순위 자료를 보면 여행패키지의 판매수수료율은 8.4%이다. 반면, 백화점 판매수수료율 순위 자료에 여행패키지 판매수수료율이 제시되지 않았지만 상위 5위와 하위 5위의 판매수수료율을 통해 여행패키지 판매수수료율은 20.8%보다 높고 31.1%보다 낮다는 것을 추론할 수 있다. 즉, $8.4 \times 2 = 16.8 < 20.8$이므로 여행패키지 상품군의 판매수수료율은 백화점이 TV홈쇼핑의 2배 이상이라는 설명은 옳다.

오답분석

㉡ 백화점 판매수수료율 순위 자료를 보면 여성정장과 모피의 판매수수료율은 각각 31.7%, 31.1%이다. 반면, TV홈쇼핑 판매수수료율 순위 자료에는 여성정장과 모피의 판매수수료율이 제시되지 않았다. 상위 5위와 하위 5위의 판매수수료율을 통해 제시되지 않은 상품군의 판매수수료율은 28.7%보다 높고 36.8%보다 낮다는 것을 추측할 수 있다. 즉, TV홈쇼핑의 여성정장과 모피의 판매수수료율이 백화점보다 높은지 낮은지 판단할 수 없다.

15

정답 ②

초고령화 사회는 실버산업(기업)을 기준으로 외부환경 요소로 볼 수 있다. 따라서 기회 요인에 해당한다.

오답분석

① 제품의 우수한 품질은 기업의 내부환경 요소로 볼 수 있다. 따라서 강점 요인에 해당한다.
③ 기업의 비효율적인 업무 프로세스는 기업의 내부환경 요소로 볼 수 있다. 따라서 약점 요인에 해당한다.
④ 살균제 달걀 논란은 빵집(기업)을 기준으로 외부환경 요소로 볼 수 있다. 따라서 위협 요인에 해당한다.
⑤ 근육운동 열풍은 헬스장(기업)을 기준으로 외부환경 요소로 볼 수 있다. 따라서 기회 요인에 해당한다.

16

정답 ④

(마)에 의해 대호는 B팀에 가고, (바)에 의해 A팀은 외야수를 선택해야 한다. 또한, (라)에 의해 민한은 투수만 가능하고, C팀이 투수만 스카우트 한다고 했으므로 나머지 B, D팀은 포수와 내야수 중 선택해야 한다. (사)에 의해 성흔이 외야수(A팀)에 간다면 주찬은 D팀에 갈 수밖에 없으며, 이는 (아)에 어긋난다. 따라서 성흔은 포수를 선택하여 D팀으로 가고, (자)에 의해 주찬은 외야수로 A팀으로 간다.

17

정답 ①

SO전략은 내부강점과 외부기회를 극대화하는 전략이다.

SWOT 분석 전략 수립

SO전략	외부환경의 기회를 활용하기 위해 내부강점을 사용하는 전략 선택
ST전략	외부환경의 위협을 회피하기 위해 내부강점을 사용하는 전략 선택
WO전략	자신의 약점을 극복함으로써 외부환경의 기회를 활용하는 전략 선택
WT전략	외부환경의 위협을 회피하고, 자신의 약점을 최소화하는 전략 선택

18

정답 ②

ST전략은 외부 환경의 위협을 회피하기 위해 약점이 아닌 내부강점을 사용하는 전략이다.

19

정답 ④

MMMITI 체크리스트 활용은 내부 환경 분석 방법이다.

SWOT 분석 방법

외부 환경 분석 (Opportunities, Threats)	• 자신을 제외한 모든 정보를 기술한다. • 언론매체, 개인 정보망 등을 통해 입수한 상식적인 세상의 변화 내용을 시작으로, 당사자에게 미치는 영향을 순서대로 점차 구체화한다. • 동일한 데이터라도 자신에게 긍정적으로 전개되면 기회로, 부정적으로 전개되면 위험으로 파악한다. • 인과관계가 있으면 화살표로 연결한다.
내부 환경 분석 (Strength, Weakness)	• 경쟁자와 비교하여 나의 강점과 약점을 분석한다. • 강점과 약점의 내용 : 보유하거나 동원 가능하거나 활용 가능한 자원(Resources) • MMMITI(Man, Material, Money, Information, Time, Image) 체크리스트를 활용할 수도 있다.

20

정답 ③

증인들의 진술을 표로 정리하면 다음과 같다.

증인	A	B	C	D	E	F	G
1	×	×					×
2					×	×	×
3			○				
4			○	○			
5			○	○			

따라서 주동자는 C, D이다.

21

정답 ④

첫 번째 문장에서 경기적 실업이란 노동에 대한 수요가 감소하여 고용량이 줄어들어 발생하는 실업이라고 하였으므로, 기업이 생산량을 줄임으로써 노동에 대한 수요가 감소한다는 내용이 와야 한다.

22

정답 ①

제시문은 인간의 질병 구조가 변화하고 있고 우리나라는 고령화 시대를 맞이함에 따라 만성질환이 증가하였으며 이에 따라 간호사가 많이 필요해진 상황에 대해 말하고 있다. 하지만 현재 제도는 간호사를 많이 채용하지 않고 있어 뒤처진 제도에 대한 아쉬움을 언급하고 있다. 따라서 '(나) 변화한 인간의 질병 구조 → (가) 고령화 시대를 맞아 증가한 만성질환 → (다) 간호사가 필요한 현실과는 맞지 않는 고용 상황 → (라) 간호사의 필요성과 뒤처진 의료 제도에 대한 안타까움' 순서로 나열되어야 한다.

23

정답 ①

제시문에서는 냉전의 기원을 서로 다른 관점에서 바라보고 있는 전통주의, 수정주의, 탈수정주의에 대해 각각 설명하고 있다.

오답분석

② 여러 가지 의견을 제시할 뿐, 어느 의견에 대한 우월성을 논하고 있지는 않다.

24

정답 ①

A소금물과 B소금물의 소금의 양은 각각 $300 \times 0.09 = 27g$, $250 \times 0.112 = 28g$이다. 그리고 C소금물의 농도는 $\frac{27+28}{300+250} \times 100 = \frac{55}{550} \times 100 = 10\%$이다.

소금물을 덜어내도 농도는 변하지 않으므로 C소금물은 $550 \times 0.8 = 440g$이고, 소금의 양은 $44g$이다.

따라서 소금을 10g 더 추가했을 때의 소금물의 농도는 $\frac{44+10}{440+10} \times 100 = \frac{54}{450} \times 100 = 12\%$이다.

25

정답 ②

매년 A ~ C대학교의 입학자와 졸업자의 차이는 57명으로 일정하다. 따라서 빈칸에 들어갈 값은 $514 - 57 = 457$이다.

26

$26 \sim 30$세 응답자는 총 51명이다. 그중 4회 이상 방문한 응답자는 $5+2=7$명이고, 비율은 $\frac{7}{51} \times 100 \fallingdotseq 13.72\%$이므로 10% 이상이다.

오답분석

① 전체 응답자 수는 113명이다. 그중 $20 \sim 25$세 응답자는 53명이므로, 비율은 $\frac{53}{113} \times 100 \fallingdotseq 46.90\%$가 된다.

③ 주어진 자료만으로는 $31 \sim 35$세 응답자의 1인당 평균 방문횟수를 정확히 구할 수 없다. 그 이유는 방문횟수를 '1회', '$2 \sim 3$회', '$4 \sim 5$회', '6회 이상' 등 구간으로 구분했기 때문이다. 다만, 구간별 최솟값으로 평균을 냈을 때, 평균 방문횟수가 2회 이상이라는 점을 통해 2회 미만이라는 것은 틀렸다는 것을 알 수 있다.

[1, 1, 1, 2, 2, 2, 2, 4, 4] → (평균)$=\frac{19}{9} \fallingdotseq 2.11$

④ 응답자의 직업에서 학생과 공무원 응답자의 수는 51명이다. 즉, 전체 113명의 절반에 미치지 못하므로 비율은 50% 미만이다.

⑤ 주어진 자료만으로 판단할 때, 전문직 응답자 7명 모두 $20 \sim 25$세일 수 있으므로 비율이 5% 이상이 될 수 있다.

27

고급 포장과 스토리텔링은 모두 수제 초콜릿의 강점에 해당되므로 SWOT 분석에 의한 마케팅 전략으로 볼 수 없다. SO전략과 ST전략으로 보일 수 있으나, 기회를 포착하거나 위협을 회피하는 모습을 보이지 않기에 적절하지 않다.

오답분석

① 값비싼 포장(약점)을 보완하여 좋은 식품에 대한 인기(기회)에 발맞춰 홍보함으로써 WO전략에 해당된다.

③ 수제 초콜릿의 스토리텔링(강점)을 포장에 명시하여 소비자들의 요구를 충족(기회)시키는 SO전략에 해당된다.

④ 수제 초콜릿의 존재를 모르는(약점) 점을 마케팅을 강화하여 대기업과의 경쟁(위협)을 이겨내는 WT전략에 해당된다.

⑤ 수제 초콜릿의 풍부한 맛(강점)을 알리고, 맛을 보기 전에는 알 수 없는 일반 초콜릿과의 차이(위협)도 알리는 ST전략에 해당된다.

28

제시문에 따르면 K부서에 근무하는 신입사원은 단 한 명이며, 신입사원은 단 한 지역의 출장에만 참가한다. 따라서 갑과 단둘이 가는, 한 번의 출장에만 참가하는 을이 신입사원임을 알 수 있다. 이때 네 지역으로 모두 출장을 가는 총괄 직원도 단 한 명뿐이므로 을과 단둘이 출장을 간 갑이 총괄 직원임을 알 수 있다. 또한, 신입사원을 제외한 모든 직원은 둘 이상의 지역으로 출장을 가야 하므로 병과 정이 함께 같은 지역으로 출장을 가면 무는 남은 두 지역모두 출장을 가야 한다. 이때 병과 정 역시 남은 두 지역 중 한

지역으로 각각 출장을 가야 한다. 따라서 다섯 명의 직원이 출장을 가는 경우를 정리하면 다음과 같다.

지역	직원	
	경우 1	경우 2
A	갑, 을	갑, 을
B	갑, 병, 정	갑, 병, 정
C	갑, 병, 무	갑, 정, 무
D	갑, 정, 무	갑, 병, 무

정은 두 곳으로만 출장을 가므로 정이 총 세 곳에 출장을 간다는 ④는 반드시 거짓이 된다.

오답분석

① 갑은 총괄 직원이다.

② 두 명의 직원만이 두 광역시에 모두 출장을 간다고 하였으므로 을의 출장 지역은 광역시에 해당하지 않는다.

③ · ⑤ 위의 표를 통해 확인할 수 있다.

29

주어진 조건을 정리하면 다음과 같은 순서로 위치한다.
초밥가게 – X – 카페 – X – 편의점 – 약국 – 옷가게 – 신발가게 – X – X
따라서 신발가게는 8번째 건물에 있다.

오답분석

① 카페와 옷가게 사이에 3개의 건물이 있다.

② 초밥가게와 약국 사이에 4개의 건물이 있다.

③ 편의점은 5번째 건물에 있다.

⑤ 옷가게는 7번째 건물에 있다.

30

주어진 조건을 표로 정리하면 다음과 같다.

구분	아메리카노	카페라테	카푸치노	에스프레소
호동	○	×	×	×
수근				○
지원				×

따라서 호동은 아메리카노를 마신다.

오답분석

① · ⑤ 주어진 조건만으로는 지원이 마시는 커피를 알 수 없다.

③ 수근은 에스프레소를 마시지만, 지원은 에스프레소를 마시지 않는다.

④ 호동과 수근이 마시는 커피가 다르다고 했으므로 호동은 에스프레소를 마시지 않는다. 또한, 주어진 조건에서 카페라테와 카푸치노도 마시지 않는다고 했으므로 호동이 마시는 커피는 아메리카노이다.

31

정답 ①

임의의 폴더 내에서 모든 파일을 선택하는 방법은 〈Ctrl〉+〈A〉를 누르거나 메뉴 모음의 [편집] → [모두 선택]을 선택하는 것이다.

오답분석

② 임의의 파일을 다른 드라이브의 폴더로 드래그할 때 〈Ctrl〉을 누른 상태라면 파일 복사, 〈Shift〉를 누른 상태라면 파일 이동이 된다.

③ 탐색기에서 파일과 폴더를 삭제하는 방법은 〈Delete〉나 〈Shift〉+〈Delete〉를 누르거나 마우스로 드래그해서 휴지통에 끌어다 놓는 것이다. 〈Ctrl〉+〈Delete〉를 누를 경우에는 아무런 변화가 없다.

④ 비연속적인 파일을 선택할 때는 〈Ctrl〉을 누른 상태에서 해당되는 파일을 하나씩 클릭하고, 연속적인 파일을 선택할 때는 〈Shift〉를 누른 상태에서 파일들을 클릭한다.

⑤ 실행취소 후 다시 시행하는 방법은 〈Ctrl〉+〈Y〉나 〈Ctrl〉+〈Shift〉+〈Z〉를 누르는 것이다.

32

정답 ④

자료, 정보, 지식의 구분

자료	정보 작성을 위하여 필요한 데이터를 말하는 것으로, '아직 특정의 목적에 대하여 평가되지 않은 상태의 숫자나 문자들의 단순한 나열'을 뜻한다.
정보	자료를 일정한 프로그램에 따라 컴퓨터가 처리·가공함으로써 '특정한 목적을 달성하는 데 필요하거나 유의미한 자료'를 가리킨다.
지식	'어떤 특정한 목적을 달성하기 위해 과학적 또는 이론적으로 추상화되거나 정립된 정보들 간의 관계를 통해 얻은 일반화된 가치 있는 정보'를 뜻하는 것으로, 어떤 대상에 대하여 원리적·통일적으로 조직되어 객관적 타당성을 요구할 수 있는 판단의 체계를 제시한다.

오답분석

①·②·③ 자료에 해당된다.
⑤ 정보에 해당된다.

33

정답 ③

주요 키워드나 주제어를 가지고 정보를 관리하는 방식은 색인을 활용한 정보관리이다. 색인은 정보를 찾을 때 쓸 수 있는 키워드인 색인어와 색인어의 출처인 위치정보로 구성된다.

34

정답 ③

ⓛ 데이터베이스를 이용하면 대량의 데이터를 정렬하여 저장하게 되므로 검색 효율이 개선된다.

ⓒ 데이터가 중복되지 않고 한 곳에만 기록되어 있으므로, 오류 발견 시 그 부분만 수정하면 되기 때문에 데이터의 무결성을 높일 수 있다.

오답분석

㉠ 대부분의 데이터베이스 관리 시스템은 사용자가 정보에 대한 보안등급을 정할 수 있게 한다. 따라서 부서별로 읽기 권한, 읽기와 쓰기 권한 등을 구분해 부여하여 안정성을 높일 수 있다.

㉣ 데이터베이스를 형성하여 중복된 데이터를 제거하면 데이터 유지비를 감축할 수 있다.

35

정답 ②

ISNONTEXT 함수는 값이 텍스트가 아닐 경우 논리값 'TRUE'를 반환한다. [A2] 셀의 값은 텍스트이므로 함수의 결괏값으로 'FALSE'가 산출된다.

오답분석

① ISNUMBER 함수 : 값이 숫자일 경우 논리값 'TRUE'를 반환한다.

③ ISTEXT 함수 : 값이 텍스트일 경우 논리값 'TRUE'를 반환한다.

④ ISEVEN 함수 : 값이 짝수일 경우 논리값 'TRUE'를 반환한다.

⑤ ISODD 함수 : 값이 홀수일 경우 논리값 'TRUE'를 반환한다.

36

정답 ③

오답분석

① 오프라인 시스템은 컴퓨터가 통신 회선 없이 사람을 통하여 자료를 처리하는 시스템이다.

② 일괄 처리 시스템은 데이터를 일정량 또는 일정 기간 모아서 한꺼번에 처리하는 시스템이다.

④ 분산 시스템은 여러 대의 컴퓨터를 통신망으로 연결하여 작업과 자원을 분산시켜 처리하는 시스템이다.

⑤ 실시간 시스템은 실시간장치를 시스템을 계속 감시하여 장치의 상태가 바뀔 때 그와 동시에 제어동작을 구동시키는 시스템이다.

37

정답 ④

바로가기 아이콘을 삭제해도 연결된 실제 파일은 삭제되지 않는다.

38

정답 ④

워드프로세서의 머리말은 한 페이지의 맨 위에 한두 줄의 내용이 고정적으로 반복되게 하는 기능이다.

39

정답 ②

오답분석

① 결괏값에 출근과 지각이 바뀌어 나타난다.

③·⑤ 9시 정각에 출근한 손흥민이 지각으로 표시된다.

④ 9시 정각부터 9:59까지 출근으로 표시된다.

40 정답 ②

[인쇄 관리자] 창에서는 인쇄 중인 문서를 일시 중지시킬 수 있고 일시 중지된 문서를 다시 이어서 출력할 수도 있지만, 다른 프린터로 출력하도록 할 수는 없다. 다른 프린터로 출력을 원할 경우 처음부터 다른 프린터로 출력해야 한다.

41 정답 ①

K사는 베트남 현지 시장의 문화, 환경, 제도 등 대내외 환경과 트렌드를 파악하고 이에 맞는 현지화 전략을 추진하고 있다. 또한, 새로운 성장 동력을 갖추기 위한 현지시장 지배력 강화를 목적으로 기술 이전을 완료하는 등 투자와 집중을 가속화하고 있다.

글로벌 기업의 경영전략
- 현지화 전략
- 윤리 경영
- R&D 전략
- 전략적 제휴 및 M&A
- 지속적인 변화와 혁신 추구

42 정답 ③

현지화 전략에는 국내의 전문가를 현지에 소수 파견하여 기술이전 등 중요활동을 할 수는 있지만, 전반적으로 현지인을 직원으로 선발하고 현지에서 교육하는 일이 필요하다.

43 정답 ④

자동차 회사인 D사는 전략적 제휴 및 M&A 글로벌 전략을 운영하는 사례이다.

오답분석
① · ② · ③ · ⑤ 제약회사인 K사와 동일한 방식인 현지화 전략을 운영하는 사례이다.

44 정답 ③

염팀장은 아이디어를 서로 눈치 보지 말고 어떤 제약도 없이 자신의 의견을 다양하고 자유롭게 이야기하도록 하는 브레인스토밍을 활용하고 있다.

브레인스토밍
여러 명이 한 가지의 문제를 놓고 아이디어를 비판 없이 제시하여 그중에서 최선책을 찾아내는 방법으로, 아이디어의 질보다 양을 추구하며 모든 아이디어가 제안되고 나면 이를 결합하여 해결책을 마련한다.

45 정답 ②

최과장의 경우 다른 사람이 아이디어를 제시할 때 비판하며 브레인스토밍의 규칙에 어긋난 행동을 했다.

브레인스토밍의 규칙
- 다른 사람이 아이디어를 제시할 때에는 비판하지 않는다.
- 문제에 대한 제안은 자유롭게 이루어질 수 있다.
- 아이디어는 많이 나올수록 좋다.
- 모든 아이디어가 제안되고 나면 이를 결합하고 해결책을 마련한다.

46 정답 ④

집단의사결정은 의견수렴 과정에서 의견이 불일치하는 경우 의사결정을 내리는 데 시간이 많이 소요된다.

집단의사결정의 특징
- 한 사람이 가진 지식보다 집단이 가지고 있는 지식과 정보가 더 많아 효과적인 결정을 할 수 있다.
- 다양한 집단구성원이 갖고 있는 능력은 각기 다르므로 각자 다른 시각으로 문제를 바라봄에 따라 다양한 견해를 가지고 접근할 수 있다.
- 의사결정에 참여한 사람들이 해결책을 수월하게 수용하고, 의사소통의 기회도 향상되는 긍정적인 면이 있다.
- 의견이 불일치하는 경우 의사결정을 내리는 데 시간이 많이 소요되며, 특정 구성원에 의해 의사결정이 독점될 가능성이 있다.

47 정답 ③

오답분석
① 만장일치 : 회의 장소에 모인 모든 사람이 같은 의견에 도달하는 방법이다.
② 다수결 : 회의에서 많은 구성원이 찬성하는 의안을 선정하는 방법이다.
④ 의사결정나무 : 의사결정에서 나무의 가지를 가지고 목표와 상황과의 상호 관련성을 나타내어 최종적인 의사결정을 하는 불확실한 상황에서의 의사결정 분석 방법이다.
⑤ 델파이 기법 : 여러 전문가의 의견을 되풀이해 모으고, 교환하고, 발전시켜 미래를 예측하는 질적 예측 방법이다.

48   정답 ④

K사의 기존 조직구조는 기계적 조직으로, 구성원들의 업무나 권
한이 분명하게 정의되고 많은 규칙과 규제들이 있으며, 상하 간
의사소통이 공식적인 경로를 통해 이루어지고 엄격한 위계질서가
존재한다는 특징이 있다. 대표적인 기계적 조직으로는 군대와 정
부, 공공기관 등이 있다.

49   정답 ④

K사가 개편하고자 하는 조직구조는 유기적 조직으로, 의사결정권
한이 조직의 하부구성원들에게 많이 위임되어 있으며 업무도 고정
되지 않아 업무 공유가 가능한 조직이다. 비공식적인 상호 의사소
통이 원활히 이루어지며, 규제나 통제의 정도가 낮아 변화에 맞춰
쉽게 변할 수 있는 특징을 가진다. 대표적인 유기적 조직으로는
권한위임을 받아서 독자적으로 활동하는 사내 벤처팀, 특정한 과
제 수행을 위해 조직된 프로젝트팀 등이 있다.

50   정답 ②

기존의 조직은 CEO가 조직의 최상층에 있고, 조직구성원들이 단
계적으로 배열되는 구조를 가지고 있다. 환경이 안정적이거나 일
상적인 기술, 조직의 내부 효율성을 중요시하며 기업의 규모가 작
을 때에는 업무의 내용이 유사하고 관련성이 있는 것들로 결합조
직구조 형태가 이루어졌다.

향후 조직개편에 반영해야 할 사항에는 급변하는 환경변화에 효과
적으로 대응하고 제품, 지역, 고객별 차이에 신속하게 적응하기
위해서 분권화된 의사결정이 가능한 사업별 조직구조가 필요하다.

제4회 모의고사 정답 및 해설

01	02	03	04	05	06	07	08	09	10
①	②	③	③	①	④	③	②	④	④
11	12	13	14	15	16	17	18	19	20
④	②	④	⑤	④	④	②	④	②	④
21	22	23	24	25	26	27	28	29	30
①	④	⑤	④	⑤	①	①	③	④	②
31	32	33	34	35	36	37	38	39	40
①	④	④	④	①	①	④	④	①	④
41	42	43	44	45	46	47	48	49	50
④	②	②	③	③	③	④	②	④	②

01 정답 ①

제품의 특징과 활용도에 대해 세부적으로 언급하는 문서는 상품소개서이다. 기획서는 적극적으로 아이디어를 내고 기획해 하나의 프로젝트를 문서 형태로 만들어, 상대방에게 기획의 내용을 전달하여 기획을 시행하도록 설득하는 문서이다.

02 정답 ②

세슘은 공기 중에서도 쉽게 산화하며 가루 세슘 또한 자연발화를 한다. 특히 물과 만나면 물에 넣었을 때 발생하는 반응열이 수소 기체와 만나 더욱 큰 폭발을 일으킨다. 하지만 제시문에서 액체 상태의 세슘을 위험물에서 제외한다는 내용은 제시되어 있지 않다.

03 정답 ③

• 첫 번째 빈칸 : 빈칸 앞의 '개발 지원의 효과는 보잘것없었다.'와 빈칸 뒤의 개발 원조를 받은 많은 나라가 부채에 시달리고 있다는 내용을 통해 빈칸에는 원조에도 불구하고 더욱 가난해졌다는 내용의 ⓒ이 적절하다.

• 두 번째 빈칸 : 빈칸 앞의 '공여국과 수혜국 간의 문화 차이'는 빈칸 뒤의 내용에서 잘 드러난다. 공여국 쪽에서는 개인들에게, 수혜국 쪽에서는 경제 개발에 필요한 부문에 우선 지원하고자 하므로 빈칸에는 이들의 문화 차이를 나타내는 내용의 ㉠이 적절하다.

• 세 번째 빈칸 : 빈칸 앞에 따르면 자국민 말고는 그 나라를 효율적으로 개발할 수 없다. 그렇다면 빈칸에는 자국민이 아닌 사람의 경우 그 나라를 어떻게 효율적으로 개발할 수 있는가에 대한

방법이 와야 한다. 따라서 빈칸에는 외국 전문가의 경우 현지 맥락을 고려해야 한다는 내용의 ⓒ이 적절하다.

04 정답 ③

주어인 '패스트푸드점'은 임금을 받는 것이 아니라 주는 주체이므로 '대체로 최저임금을 주거나'로 수정하는 것이 적절하다.

05 정답 ①

제시문에서는 기술이 내적인 발전 경로를 가지고 있다는 통념을 비판하기 위해 다양한 사례 연구를 논거로 인용하고 있다. 따라서 인용하고 있는 연구 결과를 반박할 수 있는 자료가 있다면 제시문의 주장은 설득력을 잃게 된다.

06 정답 ④

제시문은 일본의 라멘과 한국의 라면의 차이점을 서술하는 글이다. '한국의 라면은 그렇지 않다.'라고 서술하는 (가) 뒤에는 한국의 라면에 대한 설명이 나와야 하므로 (라)가 적합하다. 또한, '일본의 라멘이 어떠한 맛을 추구하고 있는지에 대해서 생각해보면 알 수 있다.'라고 서술하는 (라) 뒤에는 일본의 라멘 맛에 대해서 서술하는 (나)가 적절하고, 그 뒤를 이어 라면의 독자성에 대해서 서술하는 (다)가 제일 마지막에 오는 것이 타당하다.

07 정답 ③

제시문은 또 다른 물의 재해인 '지진'의 피해에 대해 설명하는 글로, 두 번째 문단과 세 번째 문단은 '지진'의 피해에 대한 구체적인 사례를 제시하고 있다. 따라서 글의 제목으로 가장 적절한 것은 ③이다.

08 정답 ②

아이스크림을 x개 산다면 과자는 $(17-x)$개를 사야 한다.
$600x+1,000(17-x) \leq 15,000 \rightarrow 400x \geq 2,000 \rightarrow x \geq 5$
따라서 아이스크림은 최소 5개를 사야 한다.

09
정답 ④

민경이가 이동한 시간을 x초, 선화가 이동한 시간을 $(x-180)$초라고 하자.

$3x+2(x-180)=900 \rightarrow 5x=1,260 \rightarrow x=252$

따라서 민경이는 4분 12초 후 선화와 만난다.

10
정답 ④

- 4개의 숟가락 중 2개가 겹치므로 $\frac{4!}{2!}=12$가지

- 4개의 젓가락 중 2개가 2번 겹치므로 $\frac{4!}{2!\times 2!}=6$가지

$\therefore 12\times 6=72$가지

11
정답 ④

수현이가 부모님과 통화한 시간을 x분, 동생과 통화한 시간을 y분이라고 하자.

$x+y=60 \cdots \bigcirc$

$40x=2\times 60y \rightarrow x=3y \cdots \bigcirc$

$\bigcirc$을 $\bigcirc$에 대입하면 $x=45$, $y=15$이다.

따라서 수현이가 내야 하는 국제전화 요금 총액은 $40\times 45+60\times 15=2,700$원이다.

12
정답 ②

2020년 모니터 판매량은 전체 컴퓨터 판매량의 24%이므로 $598\times 0.24=143.52$천 대이다.

오답분석

① 2021년 컴퓨터 판매량은 2017년에 비해서 $596-498=98$천 대 증가했다.

③ 컴퓨터 판매량은 꾸준히 증가하다 2021년에 주춤했으나, 이후 다시 증가했다.

④ 2022년 모니터 판매량은 $648\times 0.29=187.92$천 대로, 2017년 모니터 판매량인 $498\times 0.14=69.72$천 대의 약 2.7배이다.

⑤ 모니터 판매비율은 2017(14%)~2022년(29%) 증가하고 있다.

13
정답 ④

개선 전 부품 1단위 생산 시 투입비용은 총 40,000원이었다. 생산비용 감소율이 30%이므로 개선 후 총비용은 $40,000\times(1-0.3)=28,000$원이어야 한다. 그러므로 ⓐ+ⓑ의 값은 $28,000-(3,000+7,000+8,000)=10,000$원이다.

14
정답 ⑤

L씨는 휴일 오후 3시에 택시를 타고 서울에서 경기도 맛집으로 이동 중이다. 택시요금 계산표에 따라 경기도 진입 전까지 기본요금으로 2km까지 3,800원이며, $4.64-2=2.64$km는 주간 거리요금으로 계산하면 $\frac{2,640}{132}\times 100=2,000$원이 나온다. 경기도에

진입 후 맛집에 도착까지의 거리는 $12.56-4.64=7.92$km로, 시계외 할증이 적용되어 심야 거리요금으로 계산하면 $\frac{7,920}{132}\times 120=7,200$원이고, 경기도 진입 후 8분의 시간요금은 $\frac{8\times 60}{30}\times 120=1,920$원이다.

따라서 L씨가 가족과 맛집에 도착하여 지불하는 총 택시요금은 $3,800+2,000+7,200+1,920=14,920$원이다.

15
정답 ④

알파벳 순서에 따라 숫자로 변환하면 다음과 같다.

A	B	C	D	E	F	G	H	I	J	K	L	M
1	2	3	4	5	6	7	8	9	10	11	12	13
N	O	P	Q	R	S	T	U	V	W	X	Y	Z
14	15	16	17	18	19	20	21	22	23	24	25	26

'INTELLECTUAL'의 품번을 규칙에 따라 정리하면 다음과 같다.

- 1단계

  9(I), 14(N), 20(T), 5(E), 12(L), 12(L), 5(E), 3(C), 20(T), 21(U), 1(A), 12(L)

- 2단계

  $9+14+20+5+12+12+5+3+20+21+1+12=134$

- 3단계

  $|(14+20+12+12+3+20+12)-(9+5+5+21+1)|$
  $=|93-41|=52$

- 4단계

  $(134+52)\div 4+134=46.5+134=180.5$

- 5단계

  180.5를 소수점 첫째 자리에서 버림하면 180이다.

따라서 제품의 품번은 '180'이다.

16
정답 ④

주어진 조건에 따라 인원을 계산하면 다음과 같다.

- 차장급 이하 직원 : $270\times 0.5=135$명
- 임원진 : $135\times 0.2=27$명
- 주주·협력업체 : 각각 $108\times 0.5=54$명

따라서 행사에 참석한 협력업체 사람들은 54명이다.

17
정답 ②

우리는 A, B탈의실을, 나라는 B, D탈의실을, 한국은 A, B, D탈의실을 대여할 수 있다.

18
정답 ②

브레인스토밍(Brain Storming)은 창의적인 사고를 위한 그룹발산방법으로, 집단의 효과를 살려서 아이디어의 연쇄반응을 일으켜 자유분방한 아이디어를 내고자 하는 방법이다. 리더는 구성원의 다양한 의견을 도출할 수 있는 사람이 적합하다.

브레인스토밍의 진행 방법

주제를 구체적이고 명확하게 정한다.	• 논의하고자 하는 주제는 구체적이고 명확하게 주어질수록 많은 아이디어가 도출될 수 있다.
구성원의 얼굴을 볼 수 있도록 좌석을 배치하고 큰 용지를 준비한다.	• 구성원들의 얼굴을 볼 수 있도록 사각형이나 원형 등으로 책상을 배치해야 하고, 칠판에 모조지를 붙이거나, 책상 위에 큰 용지를 붙여서 아이디어가 떠오를 때마다 적을 수 있도록 하는 것이 바람직하다.
구성원의 다양한 의견을 도출할 수 있는 사람을 리더로 선출한다.	• 브레인스토밍 시에는 구성원들이 다양한 의견을 제시할 수 있는 편안한 분위기를 만들 수 있는 리더를 선출해야 한다. • 리더는 사전에 주제를 잘 분석하고 다양한 아이디어를 산출할 수 있게 하는 방법들을 연구한다.
구성원은 다양한 분야의 4~8명 정도로 구성한다.	• 브레인스토밍을 위한 인원은 4~8명 정도가 적당하며, 주제에 대한 전문가를 절반 이하로 구성하고, 다양한 분야의 사람들을 참석시키는 것이 다양한 의견을 도출하는 지름길이다.
발언은 누구나 자유롭게 하고 모든 발언 내용을 기록한다.	• 브레인스토밍 시에는 누구나 무슨 말이라도 할 수 있도록 해야 하며, 발언 내용은 요약해서 잘 기록함으로써 내용을 구조화할 수 있어야 한다.
아이디어를 비판해서는 안 된다.	• 제시된 아이디어는 비판해서는 안 되며, 다양한 아이디어 중 독자성과 실현가능성을 고려해 결합한 뒤 최적의 방안을 찾아야 한다. • 선정된 주제를 가지고 리더와 기록자를 포함한 참가자 모두가 의견을 낼 수 있다.

19 정답 ②

브레인스토밍은 구성원들의 얼굴을 볼 수 있도록 사각형이나 타원형 등으로 책상을 배치해서 가능한 둥글게 앉아 개방적인 사고를 유도할 수 있도록 하는 방법이다.

20 정답 ④

주어진 조건에 따라 부서별 위치를 정리하면 다음과 같다.

구분	1층	2층	3층	4층	5층	6층
경우 1	해외 사업부	인사 교육부	기획부	디자 인부	서비스 개선부	연구· 개발부
경우 2	해외 사업부	인사 교육부	기획부	서비스 개선부	디자 인부	연구· 개발부

따라서 3층에 위치한 기획부의 직원은 출근 시 반드시 계단을 이용해야 하므로 ④는 항상 옳다.

① 경우 1일 때 김대리는 출근 시 엘리베이터를 타고 4층에서 내린다.
② 경우 2일 때 디자인부의 김대리는 서비스개선부의 조대리보다 엘리베이터에서 나중에 내린다.
③ 커피숍과 같은 층에 위치한 부서는 해외사업부이다.
⑤ 엘리베이터 이용에만 제한이 있을 뿐, 계단 이용에는 층별 이용 제한이 없다.

21 정답 ①

제시문은 품질에 대한 고객의 세 가지 욕구를 고객이 식당에 가는 상황이라는 구체적인 사례를 들어 독자의 이해를 돕고 있다.

22 정답 ④

빈칸 뒤에서는 양안시에 대해 설명하면서 양안시차를 통해 물체와의 거리를 파악한다고 하였으므로 빈칸에는 거리와 관련된 내용이 나옴을 짐작해 볼 수 있다. 따라서 빈칸에 들어갈 내용은 ④이다.

23 정답 ⑤

저맥락 문화는 멤버 간에 공유하고 있는 맥락의 비율이 낮고 개인주의와 다양성이 발달했다. 미국은 이러한 저맥락 문화의 대표국가로, 선악의 확실한 구분, 수많은 말풍선을 사용한 스토리 전개 등이 특징이다. 다채로운 성격의 캐릭터 등장은 일본 만화의 특징이다.

24 정답 ④

A, B, C에 해당되는 청소 주기 6, 8, 9일의 최소공배수는 $2 \times 3 \times 4 \times 3 = 72$이다. 즉, 세 사람이 같이 청소를 하는 날은 72일 후이다. 9월은 30일, 10월은 31일까지 있으므로 11월 10일은 61일 후가 되고, 72일 후인 11월 21일에 세 사람은 다시 같이 청소를 하게 된다.

25 정답 ⑤

사고 전·후 이용 가구 수의 차이가 가장 큰 것은 생수이며, 가구 수의 차이는 $140 - 70 = 70$가구이다.

① 사고 전에 수돗물을 이용하는 가구 수가 120가구로 가장 많다.
② 수돗물과 약수를 이용하는 가구 수가 감소했다.
③ 조달원을 변경한 가구는 전체 가구의 $\dfrac{230}{370} \times 100 = 62\%$이므로 60% 이상이다.
④ 사고 전에 정수를 이용하던 가구 수는 100가구이며, 사고 후에도 정수를 이용하는 가구 수는 50가구이다. 나머지 50가구는 사고 후 다른 식수 조달원을 이용한다.

26 정답 ①

청바지의 괴리율 차이는 37.2%p이고, 운동복의 괴리율 차이는 40%p이므로 운동복의 괴리율 차이가 더 크다.

오답분석

② 할인가 판매제품 수가 정상가 판매제품 수보다 많은 품목은 세탁기, 유선전화기, 기성신사복, 진공청소기, 가스레인지, 무선전화기, 오디오세트, 정수기로 총 8개이다.
③ 할인가 판매제품 수와 정상가 판매제품 수의 차이가 가장 큰 품목은 라면으로, 30개 차이가 난다.
④ 괴리율이 클수록 권장소비자가격과 판매가격(정상가격 또는 할인가격)의 차이가 큰 것이다.
⑤ 할인가 판매 시 괴리율이 40%가 넘는 품목은 운동복과 청바지로 총 2개이다.

27 정답 ①

보기의 ⓒ은 의류 종류 코드에서 'OP(원피스)'를 'OT(티셔츠)'로 수정해야 하므로 ①의 생산 코드를 'OTGR – 220124 – 475ccc'로 수정해야 한다.

오답분석

㉠ 스커트는 'OH', 붉은색은 'RD', 제조일은 '211204', 창원은 '753', 수량은 'aaa'이므로 ③의 생산 코드는 'OHRD – 211204 – 753aaa'로 옳다.
ⓒ 원피스는 'OP', 푸른색은 'BL', 제조일은 '210705', 창원은 '753', 수량은 'aba'이므로 ⑤의 생산 코드는 'OPBL – 210705 – 753aba'로 옳다.
㉣ 납품일(2022년 7월 23일) 전날에 생산했으므로 생산날짜는 2022년 7월 22일이다. 따라서 ②의 생산 코드는 'OJWH – 220722 – 935baa'로 옳다.
㉤ 티셔츠의 생산 코드는 ④와 같이 'OTYL – 220430 – 869aab'로 옳으며, 스커트의 생산 코드는 'OHYL – 220430 – 869aab'이다.

28 정답 ③

주어진 조건을 정리하면 다음과 같다.

구분	(가)	(나)	(다)	(라)	(마)
영어	○	○		×	
수학	×	○			○
국어					
체육	×		○	○	

따라서 (가) 학생이 듣는 수업은 영어와 국어이므로 (마) 학생은 이와 겹치지 않는 수학과 체육 수업을 듣는다.

29 정답 ④

다섯 번째 조건에 따르면 E대리는 참석한다.
네 번째 조건의 대우는 'E대리가 참석하면 D대리는 참석하지 않는다.'이므로 D대리는 참석하지 않는다.

첫 번째 조건에 따라 D대리가 참석하지 않으므로 C주임이 참석한다.
세 번째 조건에 따라 C주임이 참석하면 A사원도 참석한다.
두 번째 조건은 나머지 정보들과 논리적 동치 관계가 없으므로 판단의 근거로 활용할 수 없다.
따라서 반드시 참석하는 직원은 A사원, C주임, E대리이며, 반드시 참석하지 않는 직원은 D대리이다. B사원과 F과장의 참석 여부는 분명하지 않다.
그러므로 B사원과 F과장이 참석한다고 가정할 때 A사원, B사원, C주임, E대리, F과장 5명이 참석하는 경우가 최대 인원이 참석하는 경우이다.

30 정답 ②

주어진 정보를 표로 정리하면 다음과 같다.

선택		B여행팀	
		관광지에 간다	관광지에 가지 않는다
A여행팀	관광지에 간다	(10, 15)	(15, 10)
	관광지에 가지 않는다	(25, 20)	(35, 15)

• A여행팀의 최대효용
 - B여행팀이 관광지에 가는 경우 : A여행팀이 관광지에 가지 않을 때 25의 최대효용을 얻는다.
 - B여행팀이 관광지에 가지 않는 경우 : A여행팀이 관광지에 가지 않을 때 35의 최대효용을 얻는다.
  따라서 A여행팀은 B여행팀의 선택에 상관없이 관광지에 가지 않아야 효용이 발생하며, 이때의 최대효용은 35이다.
• B여행팀의 최대효용
 - A여행팀이 관광지에 가는 경우 : B여행팀이 관광지에 갈 때 15의 최대효용을 얻는다.
 - A여행팀이 관광지에 가지 않는 경우 : B여행팀이 관광지에 갈 때 20의 최대효용을 얻는다.
  따라서 B여행팀은 A여행팀의 선택에 상관없이 관광지에 가야 효용이 발생하며, 이때의 최대효용은 20이다.
이를 종합하면 A여행팀은 관광지에 가지 않을 때, B여행팀은 관광지에 갈 때 효용이 극대화되고, 이때의 총효용은 45(=25+20)이다.

31 정답 ①

㉠ 다음 팟 인코더 : 다음에서 제작한 동영상 편집 및 인코더 프로그램으로, 인터페이스가 적절하고 어려운 용어 사용도 적어서 초보가 사용하기 좋다.
ⓒ 무비메이커 : 무료 영상 편집 프로그램으로, 윈도우 사용자에게는 진입 장벽도 낮아 사람들이 흔히 사용하는 동영상 편집 프로그램이다.

오답분석

ⓒ 프리미어 프로 : 어도비사의 영상 편집 소프트웨어로, 실시간 및 타임라인 기반으로 유튜브 등에 많이 사용한다.

ⓔ 베가스 프로 : MAGIX의 영상 편집 소프트웨어 패키지로, 전문 비선형 편집 시스템을 위한 영상 편집 소프트웨어 패키지이다.

ⓜ 스위시 맥스 : 인터랙티브 및 크로스 플랫폼 영화, 애니메이션 및 프레젠테이션을 만드는 데 일반적으로 사용되는 Flash, 동적 HTML 및 벡터 그래픽 생성 도구이다.

32 정답 ④

• Quick Time MOV 파일 : 애플사의 컴퓨터인 Mac PC에서 사용되는 압축 기술로, JPEG와 비슷한 이미지 파일들을 압축해서 사용하며 Windows에서는 실행이 불가능하기 때문에 Quick Time for Windows라는 프로그램이 필요하다.

• MPEG(Moving Picture Experts Group) 파일 : 1988년에 설립된 표준화 동영상 전문 그룹으로, 동영상뿐만 아니라 오디오 데이터도 압축이 가능하며, 프레임 간 연관성을 고려하여 중복 데이터를 제거하는 손실 압축 기법을 사용한다.

오답분석

① AVI(Audio Video Interleave) : 마이크로소프트에서 1992년에 처음 선보였고, 비디오 포 윈도 기술의 일부인 멀티미디어 컨테이너 포맷이다. AVI 파일은 소리와 영상이 함께 재생되는 소리, 영상 데이터를 표준 컨테이너 안에 둘 다 포함할 수 있다.
② DVI(Digital Visual Interface) : LCD 모니터를 위한 장치 간을 이어주는 부분인 고화질의 디지털 인터페이스이다.
③ DivX : CD 1～2장 분량으로 DVD와 유사한 수준의 화질로 영화를 볼 수 있게 해 주는 파일로, 영화를 컴퓨터로 쉽게 감상할 수 있게 해준다.
⑤ ASF(Advanced Systems Format) : 디지털 소리와 영상을 담는 포맷이며, 윈도 미디어 프레임워크의 일부로 표준 형식 파일이다. 인터넷이 연결되어 있지 않은 로컬 컴퓨터에서도 재생할 수 있다.

33 정답 ④

비교적 가까운 거리에 흩어져 있는 컴퓨터들을 서로 연결하여 여러 가지 서비스를 제공하는 네트워크는 근거리 통신망에 해당한다. 근거리 통신망의 작업 결과를 공유하기 위해서는 네트워크상의 작업 그룹명을 동일하게 하여야 한다.

34 정답 ⑤

오답분석

① 새 문서 열기
② 수식 편집기
③ 저장하기
④ 불러오기

35 정답 ①

〈Ctrl〉 버튼과 〈Shift〉 버튼을 누른 후 화살표를 누르면 도형의 높이와 너비를 미세하게 조절할 수 있다.

36 정답 ①

원하는 행 전체에 서식을 넣고 싶다면 [열 고정] 형태로 조건부 서식을 넣어야 한다. [A2:D9] 영역을 선택하고 조건부 서식 → 새 규칙 → 수식을 사용하여 서식을 지정할 셀 결정에서 「=$D2<3」을 넣으면 적용된다.

37 정답 ④

프로세스 레지스터의 특징
• 컴퓨터 기억장치 중 속도가 가장 빠르다(레지스터＞캐시＞주기억＞보조기억).
• 레지스터는 중앙처리장치(CPU) 안에 들어 있다.
• CPU의 속도 향상이 목적이다.
• 연산장치에 속하는 레지스터 → 누산기, 가산기, 보수기 등
• 제어장치에 속하는 레지스터
  → 프로그램 카운터(PC), 명령 레지스터, 명령해독기 등

38 정답 ④

오답분석

• (가) : 자간에 대한 설명이다.
• (다) : 스크롤바를 이용하여 화면을 상・하・좌・우로 모두 이동할 수 있다.

39 정답 ①

하이퍼텍스트의 자료의 구조는 링크에 의해서 무작위로 이동가능하다. 즉, 비순차적인 구조형식을 갖는다.

40 정답 ④

ⓛ 직책은 부장, 차장, 대리, 사원 순으로 사용자 지정 목록을 이용하여 정렬되었다.
ⓒ 부서를 오름차순으로 우선 기준을, 다음으로 직책 순으로 정렬하였다.

오답분석

㉠ 부서를 기준으로 오름차순으로 정렬되었다.
㉣ 성명을 기준으로 정렬되지 않았다.

41 정답 ④

자신이 속한 문화의 기준으로 다른 문화를 평가하려 하지 말고, 자신의 정체성은 유지하되 새롭고 다른 것을 경험하는 것에 대해 포용적이고 적극적인 태도를 취해야 한다.

오답분석

③ 문화 충격(Culture Shock) : 다른 문화를 접하게 되었을 때 의식적으로나 무의식적으로 불일치, 위화감, 심리적 부적응 충격 상태를 경험하게 되는 것이다. 이를 극복하기 위해서 가장 중요한 것은 다른 문화에 대한 적극적이고 개방적인 자세를 견지하는 것이다.

42
정답 ②

유창한 중국어 학습만으로는 양국의 문화 차이를 극복하여 사업과 생활을 순조롭게 영위하기 쉽지 않다. 이는 이문화(異文化) 커뮤니케이션이 원활이 이루어져야 함을 뜻하는데, 이문화 커뮤니케이션이란 서로 상이한 문화 간 커뮤니케이션을 말하며, 언어뿐만 아니라 비언어적인 커뮤니케이션까지 포함하고 있다.

비언어적인 커뮤니케이션에는 상대국의 문화적 배경에 입각한 생활양식이나 가치관 등이 있으며, 이를 적극적으로 파악하며 이해하기 위한 개방적이고 포용적인 자세를 지속적으로 기울여야 한다. 따라서 언어적 커뮤니케이션과 비언어적 커뮤니케이션 두 가지의 이해를 통한 문화 차이의 간격을 좁혀나가야 한다.

43
정답 ②

㉠에는 '이문화 커뮤니케이션'이, ㉡에는 '국제 커뮤니케이션'이 들어가야 한다.

오답분석
- 비공식적 커뮤니케이션 : 조직의 공식적 통로를 거치지 않는 의사소통이다.
- 다문화 커뮤니케이션 : 메시지의 송신자와 수신자가 서로 다른 문화의 일원일 경우에 일어나는 커뮤니케이션이다.
- 공식적 커뮤니케이션 : 공식조직의 제도적·계층적 경로를 따라 정식으로 행해지는 의사소통이다.

44
정답 ③

제시문은 총무부에서 주문서 메일을 보낼 때 꼼꼼히 확인하지 않아서 수정 전의 파일이 첨부되어 발송되었기 때문에 발생한 일이다.

45
정답 ③

K사의 집중근무제는 근무시간 동안에 따로 시간을 정하여 근무 자체의 집중도와 충실도를 높이고자 하는 것으로, 집중근무시간에는 오로지 중요한 업무에만 전념할 수 있도록 하여 업무 효율성을 높이고자 한다.

PC오프제는 점심 시간이나 퇴근 시간 등 정해진 시간이 지나면 업무용 PC가 자동 종료되는 제도로, 직원들의 식사나 휴식, 퇴근 시간 등을 보장하기 위한 것이다.

46
정답 ③

과중한 업무 스트레스는 개인뿐만 아니라 조직에도 부정적인 결과를 가져와서 과로나 정신적 불안감을 조성하고 심한 경우 우울증, 심장마비 등 질병에 이르게 하지만, 적정 수준의 스트레스는 사람들을 자극하여 개인의 능력을 개선하고 최적의 성과를 내게 한다. 스트레스를 관리하기 위해서는 시간 관리를 통해 업무과중을 극복하고, 명상과 같은 방법으로 긍정적인 사고방식을 가지며, 신체적 운동을 하거나 전문가의 도움을 받는다. 조직 차원에서는 직무를 재설계하거나 역할을 재설정하고 심리적으로 안정을 찾을 수 있도록 학습동아리 활동과 같은 사회적 관계형성을 장려한다.

47
정답 ④

뜨거운 수프를 식힐 때는 숟가락으로 조용히 저어야 한다. 입김을 불어 식히는 것이 예절에 어긋나는 행동이다.

48
정답 ②

체크리스트 항목의 내용을 볼 때, 국제감각 수준을 점검할 수 있는 체크리스트임을 알 수 있다. 따라서 국제적인 법규를 이해하고 있는지를 확인하는 ②가 가장 적절하다.

> **국제감각 수준의 점검항목**
> - 다음 주에 혼자서 해외에 나가게 되더라도 영어를 통해 의사소통을 잘할 수 있다.
> - VISA가 무엇이고 왜 필요한지 잘 알고 있다.
> - 각종 매체(신문, 잡지, 인터넷 등)를 활용하여 국제적인 동향을 파악하고 있다.
> - 최근 미달러화(US$), 엔화(¥)와 비교한 원화 환율을 구체적으로 알고 있다.
> - 영미권, 이슬람권, 중국, 일본 사람들과 거래 시 주의해야 할 사항들을 숙지하고 있다.

49
정답 ④

H9은 국내시장에서의 큰 성공에 자신감을 얻은 나머지, 유럽의 도로 여건과 법규, 현지 소비자의 특성과 광고 트렌드에 대한 면밀한 분석 없이 안일하게 유럽시장에 진출했다가 실패했다.

50
정답 ②

H9의 해외 진출 실패에 대한 시사점은 해외시장 진출 전 현지의 여건과 법규 및 규제, 소비자의 특성과 광고 트렌드 등을 면밀하게 분석하고 준비해야 한다는 것이지, 대형 SUV의 보급이 시기상조라고는 보기 어렵다.